ラクに生きるための「心の地図」

セルフケアのメソッド100

公認心理師・臨床心理士
高井祐子 著

ナツメ社

はじめに

〝心の地図〟を手に取ってくれたあなたへ

今、あなたの手元に〝心の地図〟が届きました。心の地図は、こう言います。

「あなたと出会えたことが、とても嬉しい」

「なぜなら、これから、あなたと一緒に心の旅へ出発できるから」と。

実は、あなたと出会う前、この地図は未完成のままでした。

〝心の地図〟は、あなたと出会って初めて価値のある宝の地図になりえるのです。あなたと寄り添い、伴走しながら、あなたが自身のことをより深く知り、今まで気づかなかったことを発見する過程で、宝物のありかを指し示す地図へと発展していくことでしょう。そのときまさに、〝心の地図〟は、あなた専用の宝の地図になるのです。

自分の心の声に耳をすませてください。今のあなたの心はどんな状態でしょうか。

〝心〟というものは、はっきりとした形があるわけではなく、あちらこちらへさまようものです。私たちは、不安になると「明確な答え」がほしくなります。誰だって傷つきたくないし、失敗したくないですからね。

気持ちが揺れ動き、自分ではどうしていいかわからなくなってしまうこと、ありませんか。イライラやモヤモヤに巻き込まれて、人間関係が苦しくなり、体調を崩してしまう、ということもあるかもしれません。問題を解決しようとして、グルグル考えているうちに、ますます感情の渦のなかに巻き込まれてしまい、いつも考えごとが頭から離れない、なんていう人も少なくないでしょう。

私は、20年以上のべ1万4千人のカウンセリングを行ってきた公認心理師・臨床心理士です。これまで様々なお悩みに寄り添ってきました。

人の悩みは一人ひとり異なります。誰一人として同じ人はいない。だからこそ人は、素晴らしいのです。私は、人が大好きです。一人ひとりと向き合い、その人の大変さや素晴らしさを一緒に見つけていきたいと思っています。

さて、ページをめくっていくと、〝心の地図〟がありますね。これからこの地図とともに一歩ずつ着実に冒険の旅を進めていきましょう。時折この地図で自分の現在地を確認してくださいね。

あなたは今、うっそうとした森の中で迷子になっています。あたりは暗く、霧が立ち込め、どちらの方向へ向かって歩けばいいか見当もつかず、立ちすくんでいます。

心というものは、実体がなく、つかみどころがないので、考えれば考えるほど闇の中へと迷い込んでしまいます。「不安」や「ストレス」とは、いったいナニモノなのでしょうか。まずは、このうっそうとした心の森に光がさし込むよう、道を整えていきましょう。

次は、火山です。あなたはちょっとしたことでカチン！　ときて、ボカーン！　と爆発させてしまったことはありませんか。

生まれてから一度も怒ったことのない人など、この世に存在しません。誰しもが、「怒り」という感情をもっています。これはとても自然なことです。けれども、危険レベルの高い活火山がしょっちゅう噴火していると、周りの人間関係にも影響を及ぼしますし、何より自分自身が疲れてしまいます。どのようにすれば危険レベルを下げて穏やかな山になれるのか一緒に探検してみましょう。

今度は、里に下りてきました。ここでは、じっくりと自分自身を見つめ、自分を苦しめている考え方のクセについて気づいていきます。

自分の考え方のクセに気づいたら、気球に乗って、大空高く舞い上がります。空からゆったりと自分の思考や感情を眺めてみましょう。これまでの自分とは異なる視点を身につけると、自分自身で悩みを軽くすることができるようになります。

空の旅を終えると、そこに小川があることに気づきます。ただただ、小川のせせらぎを感じてみましょう。ここでは五感を使って目の前のことに集中し、あるがままを観察する体験をします。

さらに進むと、洞窟《くつ》を見つけました。心の奥深くまで安全にゆっくりと下りていきます。小さかった頃、傷ついてそのままになっている心の傷にも優しくそっと触れてみましょう。大丈夫。あなたは、ひとりではありませんよ。地図に沿って進めば、過去の傷におびえる心配もありません。

やがて、駅が見えてきました。人は人とのつながりのなかで生きています。ときには、わずらわしいと思うこともありますが、避けてばかりもいられません。人間関係をどのようにとらえて生きていけばいいか、いくつかのヒントが見つかることでしょう。

このように、心の地図に沿ってご自身の心と向き合うことは、心の旅ともいえます。様々なワークに取り組むことで、今まで気がつかなかった心の動きにも気づき、新たな視点を手に入れることでしょう。この心の地図を読み解いたとき、あなたは「自分で自分を大丈夫にするチカラ」を身につけているはずです。

さぁ、それでは、いよいよ旅に出るときがやってきました。

心の地図さえもっていれば、迷うことはないので、心配はいりません。慌てて駆けだす必要はまったくありませんよ。ゆっくりと心の声にしたがって、あなただけの宝物を見つけてくださいね。では素晴らしい旅を！

公認心理師・臨床心理士　高井祐子

“心の地図”に沿って冒険の旅に出かけましょう。

100のメソッドをひとつずつクリアしていけば、最後に、大丈夫な自分になるための“心の宝箱”をゲットすることができます。

8章
心の宝箱
7章
つながりの駅舎
6章
スキーマの
洞窟
5章
穏やかフルネスの川

もくじ

2章 〝心の山〟の噴火サインをキャッチする

3章 〝認知行動療法〟で、とらえ方をかえる

4章 〃メタ認知〃で、セルフモニタリングをする

5章 〝穏やかフルネス〟で自分軸を整えよう

6章 スキーマ療法で〝生きづらさの洞窟〟から脱出する

8章 〝心の宝物〟を宝箱に集めよう

1章

“心の森”をのぞいてみよう

しんどい、つらい……ストレスや不安を抱えて迷い込んだ“心の森”。
あなたの心のコンパスは、針がクルクル回っていて
拠りどころがない状態ではありませんか?
出口へつながる道は必ずあります。一緒に探していきましょう。

ここはドコ?
えっと・・・?
ニャンコ
生きづらさを感じている
迷える猫
コニャンコ
ニャンコの相棒
ここはあなたの
心の中にある
〝心の森〟
!?
イマジナリーニャンコ
自分を客観的にとらえるために
体から離れて自分自身を導く
ニャンコの分身
さあ
地図を片手に
生きづらさのワケを
探りに行きましょう

メソッド 1

心のコンパスを手に入れる

心はどこにある？ 脳を知れば心がわかる

“心”って目に見えないから、とらえどころがないんですよね。私たちが“心”と思っているのは、実は脳の活動によってつくられたものなんです。

イライラすると頭がカーッとなったり、思いを寄せている人と目が合うと胸がキューンとしたり。気分が落ち込むと体が重くなることもありますし、緊張すると手や背中にびっしょり汗をかくこともあります。

心は目には見えませんが、私たちに様々なメッセージを送ってきます。

「考えないようにしよう」と思っていても、ふと考えごとをしていることはありませんか？　やけ食いをしたり、涙が止まらなくなったりすることもあります。

人の心って本当に不思議ですね。いったい、心ってどこにあるのでしょう。

小さい頃のあなたなら「ここにある！」と胸に手を当てていたかもしれません。「だって緊張するとドキドキするから」。そんな答えも聞こえてきそうです。

実は、心は「脳の活動による現象」なのです。

さらに、心は自律神経とも深く関係しています。自律神経は、全身の器官とつながっていて、脳からの命令とは関係なしに自律的に働いています。緊張して心臓がドキドキすると、「おさまれ！」といくら念じても、脳からの命令を無視してドキドキと早鐘《がね》を打ち続けるのがわかりやすい例ですね。また、内分泌系つまりホルモンも心と密接な関係にあります。ペットをなでたとき心地よいと感じるのは、ホルモンの作用です。**心の動きを知りたければ、脳や体の働きについても知る必要がありそうですね**。

メソッド 2

感情には〝命をつなぐ〟使命がある

そもそも感情とはいったい何なのでしょうか。

私たちの「感情」は、「大脳辺縁系《だいのうへんえんけい》」という、トカゲなどの爬《は》虫類にもある原始的な部分でつくり出されています。この大脳辺縁系の中でも、感情形成にもっとも重要な働きをしているのが「扁桃体《へんとうたい》」といわれる部分です。

扁桃体は、心の変化を受け取ると、とっさに「やばい」、あるいは「心地よい」といった感情で判定し、即座に自律神経に伝えます。

その結果、心拍数が上がってドキドキしたり、手のひらに汗をかいたりするのです。

実は「感情」には、命を守るための大切な働きがあります。例えば、恐怖は危険なものから身を守るための自己防衛反応です。もしも、高層ビルのてっぺんに立たされたときに恐怖を感じなかったら、私たちはもっと無謀《むぼう》な行動をとるかもしれません。

「怖い！」と感じるから、筋肉がこわばり身がすくみ、とっさに身を守るのです。

感情は大脳辺縁系の「海馬《かいば》」がつかさどる記憶とも深く関係しています。

過去にとても怖い思いをした経験があると、その経験は海馬に記憶され、似た状況になると同じように「恐怖」を感じる、といった仕組みがつくられています。

このようにして、私たちの祖先は命の危険を回避し、生存率を高めていったのです。

その結果、今、私たちの子孫に命のバトンがつながれてきたのです。

過去の怖い経験が生かされて「怖い」と感じるから、とっさに身を守る行動をとることができるのです。

心のコンパスを手に入れる

メソッド
3

いくつになっても心は成長し続ける

カウンセリングでお話ししていると「私はもうトシだから、かわれない」「もっと若い頃にカウンセリングを受けたかった」と言う人がいます。

けれども、いくつになっても遅すぎるということはありません。大人になっても心は成長するものです。

心が成長するということは、見方がかわるということ。生き方がかわる、世界の見え方がかわる、行動がかわるということです。

心が成長するタイミングは人それぞれ。

人生には、「あのできごとがなかったら今の自分はない」と感じる瞬間が訪れることがあります。振り返ってみると、そういう節目のときって、ピンチと背中合わせだったりしますよね。

失敗したあとに大事なことに気がついて学びを得たり、ピンチに立たされたときに自分の進むべき道が明確になったり。病気になって初めて大切なものに気づいたり。

そう考えると、ピンチや失敗は心の成長にとって重要な役割を担っていますね。

そして、人との出会いやふとした言葉に背中を押され、考え方やものごとのとらえ方がかわることもあります。

難しい課題に挑戦することで自信をもつこともできます。逆に、力を抜いてがんばらないようにするのも、できなくなったことを受け入れるのも心の成長です。

心の成長のためには、良いときもそうでないときも、どんなときでも、自分の心の声と対話すること。

大切なのは、自分の心の声に常に耳を傾けることです。

〝ああ、あの場面はとても感動的だったな〟〝どうしてあのとき腹を立てたのだろう〟〝あの人のあの考え方は素敵だな〟など、自分の心の変化と向き合い、対話することを忘れないようにしましょう。

ものごとの受け止め方やとらえ方をかえることで、不安や気分の落ち込みなどをかえていくことができますし、生き方や世界の見え方もかわってきます。

おじいちゃん、おばあちゃんになっても心は成長し続けます。

何歳になっても新しい人との出会いや新しい考え方、とらえ方を自分に取り入れて、人生や世界の見え方の変化を楽しんでいきたいものですね。

メソッド 4

「ストレス」は人生のスパイス

「ストレスに弱いんです」「ストレスに強くなりたい」という声をよく聞きますが、あなたは「ストレス」と聞いてどんなことを思い浮かべますか。

ストレスという言葉は、もともとは物理学の分野で使われていたもので、物体の外側からかけられた圧力によって歪《ゆが》みが生じた状態を指します。

心を風船でたとえるとしましょう。風船を手でギューッと押さえると、風船は、ぺしゃんとへこみます。このとき、ギューッと押さえる力をストレッサーといい、へこんだ状態、つまり、心や体に生じる様々な反応をストレス反応といいます。

外部からの刺激があると風船はへこみますが、小さな圧力だった場合はすぐにもとに戻ります。しかし、大きな圧力がかかると、空気が抜けてへこんだままになったり、割れてしまったりします。心も同じです。

ストレスには「ユーストレス（Eustress）」と「ディストレス（Distress）」があります。ユーストレスは、目標、意欲、成長を促す「良いストレス」、ディストレスは、心身に負担を及ぼし健康を害する「悪いストレス」といえます。

例えば、「試合に負けて悔しい！」と感じてやる気に火がつき、より一層練習に励む場合は、「良いストレス」に当てはまりますね。適度な刺激は、やる気のもととなり、成長のきっかけになることもあるのです。

逆に、嫌なことにさらされ続けると健康を害してしまいますよね。ストレス学説を唱えたカナダの生理学者ハンス・セリエの有名な言葉に**「ストレスは人生のスパイスだ」「スパイスの効いていない料理は味気ないし、また効きすぎても食べられない」**というものがあります。

ストレスに強い人は「しなやかな心」をもつ人です。

「しなやかな心」をつくるためには「考え方」や「とらえ方」が大切なんです。

嫌なことが目の前にやってきたら「自分を成長させてくれるネタが空から降ってきた！　やったぁ！　成長するぞ！」と、とらえてみると、おもしろいですね。

苦しみのさなかにいるときは「どうしてこんな目にあうのか」と感じるでしょう。しかし長い目で見れば、心を成長させてくれる機会になるかもしれません。

もちろん、強すぎる圧力や刺激は心も体も害してしまいます。自分を安全な環境に置いて自分自身を守ることも大切ですよ。

心のコンパスを手に入れる

メソッド 5

ストレスは現代人を脅かす「マンモス」

現代の街を闊歩するストレスマンモス……無謀な戦いを避け、「がんばりすぎない」という選択肢を選ぶことも大切です。

がんばり屋さん。ガマン強い人。周りに気をつかう人。責任感が強くて弱音が吐けない人。みんなストレスがたまりやすい傾向にあります。

残業、休日出勤で忙しいあなた。在宅リモートワークでプライベートな時間も仕事をしている人。学校で課題や部活に追われている学生さん。みんな疲労が蓄積してストレスがたまりやすくなっています。

ストレスがたまるとどんなことが起きるでしょうか。

自律神経のバランスが崩れやすくなります。自律神経は、呼吸や体温、血圧、心拍など、生きていくうえで欠かせない生命活動を維持するために休むことなく働き続けています。自律神経のバランスが崩れると、体のあちこちで不調が現れます。

例えば、食欲がなくなる、頭痛やめまい、難聴、吐き気、微熱が続く、多汗、のぼせ、皮膚のかゆみ、のどの違和感、動悸《どうき》、息切れ、腹痛、下痢、腰痛、肩こり、手足のしびれなど、多岐にわたります。

また生理不順や無月経になって表れることも多いです。抑うつ気分、不安、イライラなどの心の問題や、集中力がなくなり仕事上のミスが多くなる、暴飲暴食など、行動に表れることも少なくありません。不眠、飲酒や喫煙の量が増える、といった生活習慣の悪循環に陥るケースもあります。

この自律神経の反応は、私たちの祖先が命をつないできた経緯と関係があります。

太古の昔、私たちの祖先が狩猟によって生命をつないでいたとき――人間は、「生きるか、死ぬか」という危険と隣り合わせの生活を送っていました。

マンモスや猛獣が現れたら「今すぐ逃げるか、戦うか」、瞬時に反応しなければ命を落としてしまうことになります。危険を感じたら、即座に心拍数を上げ、筋肉を緊張させ、呼吸数を上げ、敵と戦い自分の身を守ったのでしょう。

のんびりしていたら逃げそこねて襲われ、子孫が途絶えてしまいます。

祖先が危険をかいくぐり命のリレーをしてくれたからこそ、今こうして私たちが生きているのです。

現代の街を歩いていてマンモスや猛獣に出くわすことはさすがにありません。**代わりに、現代の敵はストレスだということもできるでしょう。ストレスは「現代のマンモス」といえるかもしれません**。

ですから、がんばり屋さんのあなたに伝えたい。がんばりすぎなくていいんですよ。戦い続けなくていい。ガマンしなくていい。ほどほどでいいんですよ。

追い込みすぎず、ダメ出しせず、心と体の声に耳を傾けながら自分を大切にしながらすごしてくださいね。

心のコンパスを手に入れる

メソッド 6

心と体のSOSに耳を傾けよう

「近頃、めまいがするな」「最近よく眠れなくて」「過食が止まらないんです」「耳鳴りがする」「月経周期が不安定になった」。こんなふうに体の不調を訴える方は少なくありません。そんな方に、私は以下のように尋ねることにしています。

「最近、何かありましたか」と聞くと、特にかわったことは思い当たらない、と首をかしげています。大きな悩みごとはないと言うのです。

そこで私は、先月は暑かったですよね、とか、先週はこんなニュースが話題になりましたよね、とか話をしてみると、「あっ！」とふいに思い出したように様々なエピソードが浮かび上がってきます。

例えば、急にチームリーダーを任されたとか、家族間で大ゲンカがあったとか、同僚の前で上司に怒られたとか、本人も忘れているようなできごとです。なかには、「小テストの点数を隣の席の子に笑われた」「お土産のお菓子を自分だけもらえなかった」といった日常生活の一場面がきっかけだったりもします。

頭では「たいしたことじゃない」と本人が思うようなできごとも、実は、心の中ではまったく違う反応を起こしていることがあるのです。

「つらい」「傷ついた」というストレスを脳は感じ取ります。その結果、自律神経のバランスが崩れて体にSOSサインが出るのです。

サインとなる症状は、1週間後あ

自分では平気だと思っていても……心の中にいるもうひとりの自分は、とても傷ついていることがあります。

るいは1か月後に時間差で現れることもあります。

はたから見たらささいな場面であっても、その人がそのできごとをどのようにとらえたかによって、コトの重大性はかわってきます。

「仕事で成果を上げたのに誰も自分に声をかけてくれなかった。やっぱり自分は嫌われてるんだ。薄々感じていたけど、今回のことで絶対に嫌われていると確信した」

周りからは仕事ができるしっかり者に見られている人ですが、実は、心の中を見てみると、傷だらけでした。周りの反応ばかりが気になり、その結果、ひどい頭痛に悩まされていました。

ある学生さんは、風邪をひいて学校を数日休んでしまったことがきっかけでした。「勉強や行事、人間関係など追いつかなくちゃ！　テストも近いし取り戻さなくちゃ！」とがんばりすぎてしまい……結果、過食になってしまいました。

考え方やとらえ方次第で、ささいな一場面が重大なストレッサーにかわってしまうこともあるのです。


体の不調は、「心に負担を抱えていますよ」というサインです。サインに気づいたら、心の声に耳を傾けることが大切です。心当たりのあるエピソードを振り返り、あなたはそのできごとをどうとらえたのか、考え直してみるといいですよ。

メソッド 7

〝過剰な不安〟は脳の誤作動を呼び起こす

「体調が悪くなったらどうしよう」「もしも嫌われたらどうしよう」「何か大変なことが起きるに違いない」。こんなふうに、まだ起きていないことをあれこれ想像して不安をつくり出すことを「予期不安《よきふあん》」といいます。

よくあるのは、集会所や人の集まるところにいるときや、エレベーターや乗り物に乗るときなどに、心臓がドキドキしたり、呼吸が苦しくなったりして、「倒れてしまうのではないか」と不安になるケースです。実際に、不安が高まり極度の緊張状態になると、呼吸が苦しくなる、心臓がドキドキする、頭がフラッとして気が遠くなるなどの症状が出ます。さらに、「どうにかなってしまうのではないか」と思うほどの強い恐怖を感じて起きる症状を、パニック症（パニック障害）といいます。

パニック症が起きる体の仕組みについてお伝えしましょう。

パニック症は、感情の形成に深く関わる「扁桃体」が活動しすぎることによって起こります。また、行動をコントロールする役目を担う「前頭前野《ぜんとうぜんや》」がきちんと働いていないことも、パニック症の原因といわれています。
そもそもパニック症にまつわる1回目の発作は、偶然起こるようです。例えば、前日から徹夜続きだったなどによる睡眠不足、ストレス、朝急いでいて朝食を抜いていたなどの体調不良が要因で起こることが多いです。実際には血液中の酸素は足りているのに、血液中の二酸化炭素を検知する部分が敏感に作動し「酸素が足りない」と誤作動を起こしてアラームが鳴る、つまり息苦しい、心臓がドキドキするなどの発作が起きるのです。

2回目以降の発作は、予期不安が関係しています。
過去に体調不良で、偶然、過換気症候群《かかんきしょうこうぐん》になった、気分が悪くなって倒れ込んだ、という経験のある人は、「二度とあんな苦しみを味わいたくない」という強い不安を抱きます。

そして以前発作が起きた場面と似た状況になると、記憶をつかさどる海馬が扁桃体に危険を伝えます。「またあのときのような体調不良になりたくない」、そう思えば思うほど「なったらどうしよう」と最悪な場面を想像してしまうんですね。

このように「また発作が起きるのではないか」と予期不安が生じてパニック発作が起きるのです。そして、本当に体調が悪くなったり、不安が大きくなったりすると「ほら！　やっぱり大変なことが起きた！」と不安を強化してしまいます。

そんなときは、**まず自分の「予期不安に気づく」ことが重要です**。**なぜなら、パニックの恐怖や不安などあなたの感情は、あなたの考え方がつくり出しているからです**。

「電車のドアが閉まると自由に乗り降りできない」「万が一、倒れても誰も助けてくれない」。そう考えると、「体調が悪くなったらどうしよう」「体調不良になりたくない」と思ってしまいますよね。でもよく考えてみてください。**あなたの心配ごとはまだ起きもしていないこと**なんです。

こんなときは、いったん冷静になることが大切ですね。

「〜だから大丈夫」「もしも〜となったら、こう対処しよう」「もしも〜となったとしても、たいしたことはない」というように、「大丈夫な理由」を探してみましょう。

そして、「落ち着くための行動」を普段から準備しておくといいですね。

ゆったり呼吸をする、水を飲む、音楽を聴く、体の筋肉をゆるめるなど、何でもいいのです。

気持ちを切りかえる行動を想定しておくと、いざというときに、冷静さを取り戻し、自律神経系のバランスを整えることができます。

心のコンパスを手に入れる

メソッド 8

〝不安回避〟はかえって不安を強くする

不安に伴う身体症状を抱えている人の多くは、「パニックにならないように」「不安にならないように」「落ち込まないように」と考えがちです。

しかし、不安を回避する行動は、かえって逆効果。不安を避けよう、不安から逃れようとすればするほど、逆に不安にとらわれてしまうからです。

パニック症の人は、〝あの恐怖を二度と味わいたくない〟という思いから、苦手な場面を避けようとします。回避することで、その一瞬は逃れることができます。しかし、またその次の機会に苦手な場面に遭遇すると、恐怖に対するハードルがさらに高くなってしまい、緊張感が増すという悪循環に陥ってしまいます。

「不安だから行くのをやめよう。かといって行くのをやめれば、それはそれで、できないことが増えてしまう」まさに、コレです。

苦手な場面を回避するとその瞬間はラクになった気がしますが、結果的にできないことを増やすので症状を強化させることになります。ですから、苦手な場面を回避す

避けようとすればするほど気になってしまう
じ…
ふあん

不安なことが気になって注目してしまうと……
かえって不安にとらわれてしまいます。

るのではなく、少しずつチャレンジすることをおすすめします。
心理療法のひとつである認知行動療法でも、考え方のクセを修正し、スモールステップで苦手な場面にチャレンジするというアプローチが行われます。「不安になっても大丈夫になる方法がある」という考え方にかえていくのが理想的ですね。

少しずつ苦手な場面にチャレンジすることで「嫌な記憶」を「無事にできた体験」にかえ、慣れることで脳の誤作動を修正していきます。

脳科学的に見ると、パニック症の人は扁桃体、前頭前野、海馬、大脳辺縁系のセロトニン（神経伝達物質）の量が少なくなっているといわれています。

前頭前野は、ものを考えコミュニケーションを取るときに働くところで、「客観的に考える」「不適切な反応を抑える」といった働きを担っています。ところが、セロトニンが不足すると、この前頭前野の働きが弱くなり、扁桃体が過剰に発した恐怖や不安の信号を抑制することができなくなります。その結果、自律神経系が過剰に反応し、呼吸が速くなったり、心臓がドキドキしたり、汗をかいたり、といったパニック発作が起きるのです。

セロトニン不足には、睡眠時間や生活リズムの乱れが関係していると考えられています。セロトニンの生成を高めることは、不安を和らげることにつながるので、毎日の生活リズムにも気をつけたいですね。

メソッド 9

他人の目は気にしない

「人の目が気になる」「あの人は自分のことを見下しているに違いない」そんなふうに考えて不安になったり緊張したりすることはありませんか。

街を歩いていて通行人とすれ違ったとき、チラッと見られた気がする、自分のことを「つまらないヤツだ」と思われたのではないかしら、と気になる。

オフィスで仕事をしていても、離れたデスクから上司に監視されているように感じて、集中できなかったり、「ほら、こんなふうに一生懸命仕事してますよ」と見知らぬ誰かにアピールするかのごとく、お芝居のような言動をしてしまったり。

ひとりで外食をするとき、周りのお客さんやスタッフの視線を感じて「ひとりで食べて孤独な人だ、かわいそう、と思われているのではないか」と気にすることはありませんか。周りの反応を想像してむなしくなったり、腹が立ったりしていませんか。

旅行に行っても、「自分だけ休みをとって罰当たりではないか」「ヒンシュクを買わないか」と気にする人がいるかもしれません。

他人の目が気になる人は、「自分の価値は他人からの評価によって決まる」と思っているふしがあります。ですから、他人からほめられると安心しますし、人から無視されたり悪口を言われたりすると落ち込んでしまいます。

つまり、他人に認められたら「自分には価値がある」、他人に批判されたり、無視されたりしたら「自分には価値がない」ととらえているのです。

でも、本当にそうなのでしょうか。

なかには、「誰かの役に立たなければ存在する価値がない」と心の底から信じている人もいます。自己の存在を他者の評価にゆだねている人は、周りからどう見られているか、自分は相手からどのように思われているかが気になってしかたがありません。

なぜなら、相手から失望されたりバカにされたりすることが、イコール自分はダメな存在だという証明になってしまうからです。ですから、他人の目が気になる人は、相手から嫌われないように細心の注意を払います。相手が怒りださないように、機嫌を損ねないように、と相手の顔色を見るようになるのです。

でも実際のところ、人は、あなたのことをそれほど気にかけているわけではありません。みんな自分自身のことで精いっぱいです。

実は、誰よりあなたの言動を監視して批判しているのは、「あなた自身」なのです。

そのことに気づくと少しラクになるかもしれませんね。たとえ、万が一、相手があなたのことを悪く思っていたとしても、それがそのままあなたの存在価値になるわけではないからです。

あなたは、あなたのままで存在していいのです。

あなたが他人の目を気にするのは、自分に自信がないから。誰かに認めてもらわなければ安心できないのでしょう。でも、あなたの価値を決めるのは、決して他人ではありません。だから、がんばっている自分のことをもう少し認めてあげましょう。自信がつけば、たとえ相手から認めてもらわなくても、バカにされたとしても、さほど気にならなくなります。誰かに嫌われたらどうしよう、とおびえることもなくなります。

誰かに認めてもらわなくても、自分は自分のままここにいてかまわない。自分は自分のままでいていいんだ、と思ってくださいね。

心のコンパスを手に入れる

メソッド10

ひとり反省会のクセをやめる

頭の中で常にひとり反省会をくり広げ、自分をビシビシと批判する人はとても多いです。

「なぜできないのか」「もっとできたはずじゃないの」と自分にダメ出しをする人は、とても理想が高く、努力家で並大抵のことでは満足することがありません。

及第点という概念がないので、完璧ではないところが気になり自分を責めてしまいます。「ひとり反省会」をすることが、自己成長につながると信じているのです。

心にエネルギーがあるときは、実際、より精度の高い業績を上げられるでしょうし、優秀な結果を生み出すことができるかもしれません。

しかし、**いつも自分にダメ出しばかりし続けていると、だんだん心が疲れてしまい、エネルギーが枯れてしまいます**。そうすると、頭がうまく回らなくなったり、やる気がわかなくなったり、涙が止まらなくなったりすることがあります。

また、過去を振り返り自分のミスをいつまでも引きずり、自分を責め続ける人もいます。「なぜあんなことを言ってしまったのか」「できることなら、あのときに戻ってやり直したい」とクヨクヨ悩み、自分のやらかしてしまった過去のできごとを悔やんで責めてしまうのです。

人間は、完璧な存在ではありません。どんなに努力しても、まだ至らない部分があっ

“ひとり反省会”がクセになると、エネルギー切れに。「ダメ出し」ではなく、「受け入れ」にかえていきましょう。

て当然ですし、失敗だってするのが当たり前です。うまくいかないこと、誰かに迷惑をかけてしまうこともあるかもしれません。そういうものなのです。

自分を責めるのがクセになっている人は、反省会のやりすぎに注意、です。自分に対してダメ出しをするよりも、「今回はここが足りなかったと気づけたから、次はこうしてみよう」と次の課題として取り組むようにしてみましょう。

過去にしてしまった失敗も、「成長するための学びだった」ととらえて、未熟だった自分を受け入れます。失敗したのは、あなただけではありません。私も、これまで何人もの人を傷つけてしまいました。失敗もたくさんしましたし、人にも迷惑をかけてきました。その事実はなくなることはありませんから、思い出すと今でも胸が痛んだり、恥ずかしいという気持ちが込み上げたりします。

けれども、そこで自分を責め続けていても、自分のやってしまったことが軽くなるわけではありません。相手がラクになるわけでもありません。もしも、自分を責めて自分を傷つければすべてが解決する、というのならいくらでも責めますが、そういうわけではありません。罪滅ぼしの代わりに自分を責め続けていても、ものごとは進まないのです。

大切なことは、「その経験から何を学び、次からどのように行動するか」ですね。

メソッド11

人と比較しない

「自分はみんなみたいにうまくできない」「何をやっても失敗ばかりだ」「気がつくと、いつも他人と比較して自分の劣っているところばかり探してしまう」。あなたには、そんなふうに思ってしまうクセはありませんか。

劣等感は他人と比較することで生まれやすくなります。小さい頃から誰かと比較され、否定される経験が続くと、「自分はできない人間なんだ」と自分のことを認識するようになります。

例えば、学校の成績や運動、受験の結果など、親や先生に比較された経験はありませんか。親戚や近所の人と比べて優劣をつけられたり、有名な学校や就職先、資格や収入を話題に出されると、まるで自分が能力の低い人間のように感じられて自信を失うことになります。

また、外見や性格、趣味などを取り上げて、周りから否定されることも劣等感につながります。このように劣等感は、他人と自分を比べて、自分の方が劣っていると思い込んでしまう状態を指します。

問題なのは、「自分はできない」「自分はダメだ」という自己像を自分自身が取り込んでしまうこと。

周りからネガティブな言葉をかけられたり、頭の中でリピートするうちに、いつのまにか「自分はそういう人間なんだ」と自己像として信じ、受け入れてしまうことが劣等感や自信のなさにつながり根深い問題となってしまいます。

もしも、あなたが自分の中にある劣等感に気づいたら、「大丈夫だよ」と自分に声をかけてあげましょう。

誰かと比較しなくてもいい。うまくできないことや苦手なことがあってもいい。誰にだってダメな部分やへたくそなことはあるものです。苦手なことやできないことに目を向けるのをやめて、自分の中にある良い部分に目を向けましょう。

誰かと比べて優れている必要はありません。世の中の役に立たないことでもいいのです。ただ、あなたが好きなこと、自分らしくいられることに目を向けて、それをたくさんほめてあげてください。そうするうちに、少しずつ「これでいいんだ」「自分は自分のままでいいんだ」という自己肯定感が育ってきます。自分を認めて、自分らしさを見つけてくださいね。

簡易ストレス度チェックリスト

ストレスチェックを実施してみましょう。

最近1か月間のあなたの状態についてうかがいます。

当てはまるものに✓をつけましょう。✓の合計からストレス度を判定します。

ストレスがどの程度高まっているかは、自分ではなかなか気づけないものです。

セルフチェックによって自分の状態がわかると、それをきっかけにセルフケアの意識も自然に高まります。

1 よく風邪をひくし、風邪が治りにくい……□
2 手、足が冷たいことが多い……□
3 手のひらや、わきの下に汗をかくことが多い……□
4 急に息苦しくなることがある……□
5 動悸がすることがある……□
6 胸が苦しくなることがある……□
7 頭がスッキリしない（頭が重い）……□
8 目がよく疲れる……□
9 鼻づまりをすることがある……□

参考：桂戴作・村上正人※（日本大学医学部附属板橋病院心療内科）
※現・国際医療福祉大学赤坂心理・医療福祉マネジメント学部心理学科特任教授

10 めまいを感じることがある……□
11 立ちくらみしそうになる……□
12 耳鳴りがすることがある……□
13 口の中が荒れたり、ただれたりすることがよくある……□
14 のどが痛くなることがよくある……□
15 舌が白くなっていることが多い……□
16 好きなものでも食べる気がしない……□
17 いつも食べ物が胃にもたれるような気がする……□
18 腹が張ったり、痛んだり、下痢や便秘をすることがよくある……□
19 肩がこりやすい……□
20 背中や腰が痛くなることがよくある……□
21 なかなか疲れが取れない……□
22 この頃体重が減った……□
23 何かするとすぐに疲れる……□
24 気持ちよく起きられないことがよくある……□
25 仕事をやる気が起こらない……□

26 寝つきが悪い……□
27 夢を見ることが多い……□
28 夜中に目が覚めたあと、なかなか寝つけない……□
29 人とつき合うのがおっくうになってきた……□
30 ちょっとしたことでも腹が立ったり、イライラしそうになることが多い……□

合計 □ 個

判定

0～5個　正常……これからもストレスと上手につき合いましょう
6～10個　軽度ストレス……ストレスがたまっているようなので、休養が必要です
11～20個　中等度ストレス……ストレス状態が強いので医師へ相談することをすすめます
21～30個　強ストレス……ひとりで悩まず心療内科や精神科を受診することをすすめます

ストレスチェックで該当数が多かった人は、ストレスが強くかかっているサインです。仕事が忙しい、人間関係がギクシャクしている、私生活でうまくいかないことがある、疲労が蓄積しているなど様々な要因が考えられます。今一度、自分の身の周りで負担に感じていることがないか振り返ってみましょう。

ストレス対処法はひとつではなく、いくつか知っておくといいですね。そして、ソーシャルサポート、つまり人と人との支え合いも大切です。

何気ない日常の雑談もストレスケアに役立っているといわれます。人に声をかけるのが苦手、雑談が苦手、という人は「あいさつプラスひとこと」を意識するといいですよ。「おはようございます。今日は寒いですね」「おつかれさまです。雨はもうやみましたか」など、お天気に関するひとことをつけ加えてもいいですし、「こんにちは。先日いただいたお菓子、おいしかったです、ありがとうございます」というようにちょっとしたお礼を加えてもいいですね。そこから、何気ない会話が始まるかもしれませんよ。

家族や友人に愚痴を聞いてもらうのも、れっきとしたソーシャルサポートです。なかには美容院や喫茶店のマスターに話を聞いてもらう人もいるかもしれませんね。家族や友人に相談できないような場合は、カウンセラーなど専門家に相談するのもおすすめですよ。心のモヤモヤをため込まないで、吐き出すようにしてくださいね。

メソッド 12

ストレスとうまくつき合う準備をする

あなたはストレスを感じたとき、自分のストレスにどのように気づきますか。そして、どのように対処していますか。イライラ、不眠、肩こり、頭痛、肌荒れ、食欲がなくなる、たくさん食べる、買い物しすぎる、モノに当たるなど、人によってストレスのサインは様々です。

日頃から自分の体調の変化に気づいてストレスの度合いを把握するようにしましょう。ストレスでイライラしたり落ち込んだりしたとき、自分で自分を大丈夫にして日常生活のリズムを取り戻せたらいいですよね。そのためにも、自分なりのストレス対処法を普段から用意しておくようにしましょう。

ストレスに対処するための行動のことをストレスコーピングといいます。ストレスコーピングは、心理学者リチャード・ラザルスによって提唱されました。**コーピングの目的は、「ストレス要因の解決」と「負担の軽減」です。**

強いストレスを受け続けることは、心身にとって様々な悪影響があるので、ストレスコーピングを行ってうまく対処することが大切ですね。

ストレスを感じたときに対処する方法をいくつかもっていると、心と体の反応が起きにくくなります。

ストレスコーピングは、①問題焦点コーピング、②情動焦点コーピング、③ストレス解消型コーピング、という大きく3つのタイプに分けられます。

「問題焦点コーピング」とは、ストレス要因となるものごと（ストレッサー）そのものに働きかけて問題を解決する方法です。

例えば、騒音や雑音がストレスだから耳栓をする、仕事が多すぎるので業務分担をする、トラブルの相手と話し合う、苦手な人との集まりをキャンセルする、引っ越しをして環境をかえる、などがあげられます。

「情動焦点コーピング」とは、問題そのものに働きかけるのではなく、とらえ方、考え方をかえて感情をかえることです。認知行動療法もこれに当てはまりますね。

例えば、家族や友人に話を聞いてもらう、カウンセリングを受ける、イライラのもとになる心の声をノートに書き出す、深呼吸をしてリラックスする、お守りの言葉を唱える、などです。情動焦点型の良い点は相手をかえようとしなくてもいいところで、環境や状況をかえられないときにも有効です。自分のとらえ方をかえたらいいのですからね。

「ストレス解消型コーピング」は、ストレッサーを感じたあとに、気晴らしをするなどでたまったストレスを発散させる方法です。みなさんがストレス解消の方法として思いつくのは主にこのタイプではないでしょうか。

ストレスコーピングの用い方

例えば、温泉に入る、動画を見る、ケーキを食べるなどです。カラオケをしたり、ドライブをしたり、体を動かしたりするうちにストレスが緩和されることもあります。あなたはどんなストレスコーピングを思いつくでしょうか。家族やご友人が普段どんな方法でストレスを緩和しているか、お互いに話し合ってシェアしてみるのもいいと思います。

実際には、ストレスを感じたとき「問題焦点コーピング」と「情動焦点コーピング」、「ストレス解消型コーピング」を併用することが多いですよ。

嫌なことがあったとき相手に伝えて、行動改善を求め（問題焦点コーピング）、それでもイライラがおさまらないので、音楽を聴き、温泉や体のマッサージでリラックスをして（ストレス解消型コーピング）、落ち着いてからあらためてイライラの場面を冷静に振り返ってノートに書き出す（情動焦点コーピング）、といった具合です。

普段から、ストレスを感じたときに自分に合ったストレスコーピングをできるだけたくさん用意しておくといいですね。思いつく限り、コーピングを書き出してみましょう。お友だちと美味しいものを食べる、自然に触れる、整体院に行く、ジョギングをする、映画を観る、ペットと戯れる、たくさんあると思います。

こうして書き出しておくと、いざというときの「お守り」になりますよ。

メソッド 13

繊細なのは素敵なこと

その場の空気を読みすぎて疲れてしまう、音や光、においや皮膚感覚、気候などちょっとした刺激に対しても敏感になりやすい、人の気持ちや状況の微妙な変化を感じ取ってしまう繊細な人は、他人のマイナスな感情やパワーに対しても影響を受けてしまいます。

人の悪口や悲しみ、怒りなどに影響され、直接、自分に関係しないことであっても、相手や周りの険悪な雰囲気を敏感に感じ取ります。そのため、自分の気持ちも不安定になりやすく、人と一緒にいることに疲れたり、苦しくなったりします。

周りの人の感情をキャッチしすぎてしまい、ストレスを抱えてしまう人は、自分の周りに見えないバリアを張って、直接、嫌な空気にさらされないように自分を守るようにしてください。こんなふうに伝えると、なかには自分の周りに分厚いレンガを積み上げたり、鉄壁の守りを築くイメージを思い浮かべる人がいますが、そんなに自分を防御してしまうと、今度は自分が社会から孤立して人間関係を築くのが困難になってしまいます。

ですから、私はよく、透明の膜、割れないシャボン玉をイメージするようにお伝えしています。相手とのコミュニケーションを断絶するのではなく、相手や周りから発せられるプレッシャーや嫌味、相手の怒りなどの不快な感情から距離をとって、**直接ダメージを受けないように透明の膜をイメージするのです。相手がイライラしていても、透明の膜がシャボン玉のように、ボヨヨ〜ンと緩衝材になって跳ね返してくれる、そんな感じです**。

なかには「相手が不機嫌なのは自分のせいだろうか」と思い悩み、相手の機嫌取りをしたり、怒らせないように、嫌われないようにと先回りして相手の望む返答をして疲れてしまう人がいます。でもね、相手の感情は相手のものであって、あなたのせいではないのです。「相手を怒らせてしまった。自分のせいだ」というように自分と結びつけるのをやめて、自分と相手の間に境界線をつくるようにしましょう。

咳払いや足音、食器がカチャカチャと当たる音、踏切音やドアのバタン！という音など、「音」に敏感な人も多いです。あなたはどんな音や環境が苦手ですか。自分の苦手なものを自分自身が事前に知っておくと、敏感に感じたとき落ち着く方法を用意することができます。例えば、ノイズキャンセリングのイヤホンやヘッドホンを用意する、落ち着ける場所を確保しておく、その場からいつでも離れていいと自分に許可する、などです。そして、嫌な刺激に適度な距離をとりつつ、無理のない範囲で少しずつ慣れていくといいですね。

繊細なことは悪いことばかりではありません。繊細な人は、平和主義で穏やかに静かに暮らしたいと望む、心の優しい人が多いように感じます。

繊細な人のお話を聞いていると、「世の中の人がみんなあなたのように考えて、周りに気をつかいながら行動すれば世界は平和になるのになぁ」と感じることが多々あります。残念ながら、今の世の中では、自分本位な人の声が大きく聞こえてきます。だからこそ、あなたのように周りにも気をつかい、毎日が平和にすごせることを望む存在は、とても貴重なのです。直観力があり、ものごとの真髄をとらえることができるのも素晴らしい点です。ですから、**自分自身が疲れないように自分を守り、周りの環境と適度な距離をとりながら、自分の良さを生かしてください。**

自分の生まれもった気質を否定したり、無理に克服しようとしたりするよりも、「ありのままの自分」を受け入れて、自分に合った対処のしかたを身につけるといいですね。自分の良いところ、優しいところ、ものごとの本質を見極める力、発想力や創造力、静かに穏やかにすごせるセンスを認めて良いところを伸ばしてあげましょう。

心のコンパスを手に入れる

メソッド 14

SNSに生活を乗っ取られない

私たちの日常生活の一部となっているSNS。あなたは上手につき合えていますか。近年では多くのSNSが利用されています。スマホが手元にないと落ち着かない、用事もないのに一瞬でもスキマ時間があるとスマホを見てしまうなど、「まさに、自分もそう！」とうなずく人も少なくないでしょう。SNSを使いたい衝動に駆られてしまい、使えない場面でイライラしたりソワソワしたりして落ち着かなくなる。離れている間に大事な情報を逃しているのではないか、知り合いからメッセージが届いているのではないかと不安になり、**時間と思考の大半をSNSに費やしてしまう。そんな人はSNSに依存している状態といえます**。

SNSは、世界中の人とつながれて、時間や場所を問わずに気軽に発信できるコミュニケーションツールとして便利です。写真や動画、作品や意見を発信でき、自分を表現できるメディアとしても大きな役割を果たしています。

その半面、投稿を見て一喜一憂し、人の反応に気疲れすることもあります。未読がたまると、返信しなきゃ、投稿しなきゃとプレッシャーを感じてしまうこともあるでしょう。

友人のきらびやかな投稿を見るたびに比較して自分がみじめになり、孤独を感じた

「デトックスデー」を設けて、SNSは1日お休み。働きすぎのスマホもゆっくり寝かせてあげましょう。

り嫉妬《しっと》したりすることはありませんか。グループチャットで仲間はずれにされていないか、話題についていけているか、また自分のいないところで何か言われているのではないかと心配になると、SNSから離れられなくなることもあります。

相手の投稿を「匂わせ投稿ではないか」と勘繰り、「自分のことを言っているのだろうか」「本当はこういうことを言いたいのではないか」と裏を読んで落ち込む。あるいは裏アカウントで投稿した内容が知り合いにバレて焦る。何気なく投稿した内容が炎上して多くのユーザーから攻撃される。プライベートな内容をネット上に暴露《ばくろ》される……。ヒヤリとしたりドキッとしたりするSNS関連の悩みは尽きることがありません。

そんなときは、まずはいったん落ち着いて冷静になりましょう。友人のきらびやかな投稿は、友人の生活そのものとは限りません。私やあなたと同じように平凡な日常生活を送っていて、そのなかで楽しそうな一場面を切り取ってSNS上にアップしている、それだけのことです。

SNSのグループも、四六時中画面に張りついて見張っていなければ置いていかれるような集まりなら、無理せず自分のペースでおつき合いできる別のグループを探せばよいですし、無視され批判されたとしても、その人たちとは距離をおき、あなたのことを「いいね」と言ってくれる人とつながればいいだけのことです。

人間の基本的欲求のひとつに、承認欲求があります。SNSは、この承認欲求を満たすツールでもあるのです。私たちは他人から認められることで安心感を得ます。「いいね」や「リポスト（リツイート）」など他人から反応をたくさんもらい拡散されると、自分の価値が上がったような感覚を得ることができるので依存しがちになるのです。

SNSにアップしたメッセージや写真に「いいね」やコメントがつくと、脳からエンドルフィンという脳内ホルモンが分泌されます。エンドルフィンは、気分の高揚や幸福感、陶酔《とうすい》感をもたらし、脳内麻薬と呼ばれることもあります。他人から「好かれている」とか「フォローされている」と思うと気持ちが高ぶり、「またやろう」「もっとしたい」と思うのは当然のことなのです。

自分のアカウントの人気を高めたいと思うのは悪いことではありません。ただし、夢中になりすぎて昼夜が逆転したり、生活に支障が出ていたら注意が必要です。

そんなときは、「いいね」の数やフォロワー数を気にするのをやめてみましょう。「いいね」やリプライ、フォロワーの数があなたの価値を決めるわけではありません。

また、SNSを見る時間を区切って使用制限設定をするのもおすすめです。通知をオフにする、どうしても手放せない人は家族に協力して預かってもらう、さらに**一切**

使用しない日、つまりSNSデトックスの日をつくるのもいいでしょう。

ここまでSNSによる弊害のお話をしましたが、一方でSNSは人とのつながりにおいて、重要な役割を果たしている部分もあります。

現実の対人関係では気疲れが多く、遠慮や駆け引きで本当の気持ちを表現できない人も、SNS上ではありのままの自分を表現できることがあります。悩みや素直な気持ちを吐き出し共感を得ることで、勇気づけられたり、なぐさめられたりすることもしばしばです。直接会ったことがなくても、SNS上で同じような気持ちをもった人と深くつながり共感し合うことを励みにして生きている人もいます。

SNSを通じて世界中の人とつながることができるので、国や地域を越えて同じ価値観の人とつながることも可能になりました。

得意なことや好きなことを表現することで、世界中の人から支持されるチャンスも格段に増え、必要な情報も手に入りやすくなりました。

SNSは私たちの人生を生きやすくもするし、生きづらくもします。うまくバランスをとりながら活用していきたいですね。

メソッド 15

心のコンパスを手に入れる

〝自分軸〟をもとう

カウンセリングでうかがう悩みの多くは人間関係。苦手な上司や同僚、家族、友人との関わり方など悩みが尽きることはありません。

相手の顔色をうかがってしまう、自分の意見を言いづらい、相手のなかに正解を探し自分の考えを言えずに飲み込んでしまうという人は、自分を抑圧しがちです。「こんなことを言ったらどう思われるか」「相手に悪いかな」と、相手の機嫌ばかりが気になるため、日常的にストレスをためがちです。

人間関係で気をつかいすぎて疲れる人は、自分の感情よりも人からどう思われるかという他人軸を必要以上に気にするところがあります。他人軸の視点でものごとを見ていると、人の態度によって自分の感情がゆさぶられてしまいます。

そんな人は、ぜひ自分軸をもちましょう。相手から誘われたときに気が乗らなければ断っていいのです。自分が行きたければ行けばいいし、行きたくないと感じたら行かなくてもいい、何より大切なのは「自分がどうしたいか」です。

あなたが断ったことで相手が不機嫌になったとしても、それはあなたの責任ではありません。その人の感情はその人のもの。あなたが相手の感情にまで気を回しすぎる必要はありませんよ。

もうひとつ、人間関係のお悩みで多いのは「べき思考」が強い場合のイライラです。正論や常識、ルールを大切にする人にとって、いいかげんな人や価値観の違う人との関わりはとてもストレスフルなものになってしまいます。丁寧にきちんとしてほしいのに、相手がおおざっぱでミスばかりくり返すとイライラさせられてしまう、といった具合です。

でもね、人の価値観や常識は様々です。自分にとっては「普通」だと思うことも相手によっては普通じゃないことかもしれません。**相手の行動に納得できない、イライラさせられるときは、一度冷静になって相手の価値観や考えがどのようなものか観察してみるといいですよ**。きっとあなたには思いもよらない、その人なりの論理があるはずです。相手のことを批判する前に、相手のことを知ろうとする姿勢をもつとイライラする回数は減るかもしれません。

また相手に対して自分の思う通りに動いてほしいと過度な期待をしてしまい、思い通りにならないと失望したり裏切られたと落ち込んだりする人もいます。

相手には過度な期待はしない、思い通りにならなくてもそれはそれでしかたない。もしもうまくいったときは思いっきり感謝する、こんな気持ちでいれば人間関係でも適度な距離を保ちながらおつき合いすることができますよ。

交流分析のなかでよくいわれる言葉に「アイアムOK、ユーアーOK」というものがあります。相手を批判したくなる人は「自分はOKだけど、相手はOKじゃない」ととらえています。一方で自分を責める人は「自分はOKじゃないけど、相手はOKだ」ととらえています。どちらも相手と自分を比較する考えがベースになっています。さらに何もかもがダメだと感じる人は、「自分もOKじゃないし、相手もOKじゃない」と心を閉ざしてしまう傾向にあります。

人間関係をもっともうまく築ける人は、「アイアムOK、ユーアーOK」ととらえる人です。たとえ、価値観が違っても、思い通りに動いてくれなくても、それはそれで相手のことはOKと受け止める。そして自分自身のことも、うまくいかないときがあってもアイアムOKと受け止める。このように自分のことも相手のことも肯定できると人間関係での悩みはかなり減りますね。

最後に、人間関係で疲れた人におすすめなのが「ひとり時間」を確保することです。誰かと一緒にすごし語り合う場があることもときには必要ですが、人とすごす時間は何かと気をつかうものです。たまには人づき合いから解放されて誰ともつながらない自分だけの時間を意識的にもつようにしてください。ひとりでカフェに行く、旅に出る、海を眺める、温泉に浸かる、何でもいいのです。自分がひとりでほっとできる時間を自分にプレゼントしてあげてください。心の疲れもリセットできますよ。

「きみは魚が好きなのね、OK！」
「私はゴロ寝を楽しむからOKよ！」
このおおらかな精神が大切です。

2章

“心の山”の噴火サインをキャッチする

ストレスをためては、ある日突然大噴火……
そんなことをくり返していると、あなたの心もすり減ってしまいます。
自分の気持ちとどう向き合い、怒りをどう鎮めるか。
“アンガーマネジメント”のメソッドを身につけましょう。

ここは？
心の森ツアー
ここはアンガーマウンテン
ここでは自分の中にある怒りの感情を探っていくよ
自分の中の怒りの感情か……
パチッ
イテッ
ポカッ
何すんだよう
ドカーン
山が動くか試してみた
動いたー
ニャンコの怒りを山と連動させてみました

心のコンパスを手に入れる

メソッド 16

大切なものを守るために怒ってもいい

大切な家が占拠されたら……ポチは、全力で吠えますよね。大切なものが奪われたときは、怒っていいんです。

「怒らないようにするためにはどうしたらいいですか」と聞かれることがよくあります。私はアンガーマネジメントもカウンセリングで扱っているので、「怒り」に関するご相談が多いのですが、みなさん「怒ってはいけない」と思っているようですね。

けれど、生まれてから一度も怒ったことのない人が果たしているでしょうか。怒りや悲しみ、喜びといった感情は、人間が生きていくうえで必ずもっている自然なものです。みんな怒ったり悲しんだり喜んだりしながら生きていますよね。

「怒ってはいけない」と考えている人は、今日から「怒るべきときには怒っていい、けれども怒りで後悔しないようにしよう」ととらえてください。

自分が傷つけられたとき、自分にとって大切な人やものが傷つけられたとき、怒るべきときに怒らずにガマンして後悔したことはありませんか。

怒りは、防衛感情とも呼ばれ、自分が大切にしているものを傷つけられたときにわき起こるとされています。例えば、お店に入って、ぞんざいな扱いを受けるとイラッとするかもしれません。また自分のことではないのに、大切な友人が陰で悪口を言われていたら怒りを感じるかもしれません。車を運転していて急に横の車が目の前に割り込んでくると、「危ないな！」と腹が立つ人もいるでしょう。それは大切な自分の命が脅かされているので、防衛感情として怒りがわくのです。怒りを感じたときは、自分にとって大切なものが傷つけられたときです。自分にとって大切なものは何か探してみましょう。

人からとても失礼なことを言われたり、平気な顔で傷つけられたとき、本当はとてもつらいのに言い返すことができなくてガマンしたことはありませんか。

「自分が悪いのかな」「失礼なことを言われる自分の方がいけないのかな」「きっと自分のせいだ」と傷つけられた原因を自分の中にあるのではないかと考え、自分に非がないかいつまでもグルグル考えていた経験はありませんか。

そんなときは、怒っていいんですよ。大切な自分のことを傷つけられたら、怒っていいんです。大切なあなたの家族や友人が傷つけられたのなら、怒っていい。大切にしているものや価値観を否定され攻撃されたときは怒っていいんです。

逆に、そんなに怒らなくてもいい場面で激しく怒ってしまい、何もかもを台無しにしてしまったことはありませんか。言わなくてもいいことまで口走ってしまい、人間関係を修復不可能なくらいダメにしてしまったことはありませんか。

アンガーマネジメントとは「怒りで後悔しないこと」と定義できます。

怒るべき場面では、上手に相手に伝え、怒らなくてよい場面では、感情の整え方を習得して、「怒りで後悔することのない人生」を送れるようになりましょう。

心のコンパスを手に入れる

メソッド 17

相手の怒りは、相手の感情。恐れなくていい

「相手が怒るとビクビクして委縮してしまう」「相手が怒るのは自分のせいだと思う」。このように感じる人は、自分の言動が相手を怒らせてしまったのではないか、ととらえがちです。

しかし、**相手の感情はあなたがつくり出すものではなく、その人自身の考えがつくり出すものです**。相手が自分に対して怒りをぶつけてきたら、怖れることも、不安になることもありません。

あなたの行動が相手の価値基準に沿ったものでなければ、「なぜ、そんなことをするのか」「普通、そんなことしないだろう」と、相手が怒りをぶつけてくることもあるでしょう。けれども、そのときの「普通」は相手にとっての普通であって、絶対的なものではありません。**価値基準は人それぞれ。相手の怒りはあなたのせいではありません。相手の感情は、相手のもの、ととらえてくださいね**。

そして、怒りの背景には、不安や悲しみ、悔しさ、ガマンなどの感情が隠れていま

す。怒りっぽい人は、実は、さびしい、不安、孤独、疲れた、お腹がすいたなどの感情を背景にたくさん抱えているかもしれません。

がんばったのにうまくいかなかったときイライラして腹が立つのは、「せっかくがんばったのに」という悔しさや無念、自責の気持ちがあるからですね。

子どもがケガをさせられたという怒りの苦情電話がかかってきたら、そこには「大切な子どもを傷つけられて悲しい、つらい」という感情が隠れているのかもしれません。あるいは、帰りが遅いわが子を心配して、「事故にあっているのではないか、何かあったのか」とハラハラしているとき、能天気に「ただいま〜」と子どもが帰ってきたら、思わず「遅いじゃないの！」と怒ってしまうかもしれません。このときの怒りの背景には、心配、不安が隠れています。

恋人が浮気をしているのかもしれないと疑いの気持ちをもったとき、怒りとして表現するのはどうしてでしょう。それは、恋人が離れていくのではないかという孤独や悲しい気持ちをそのまま表現すると、何だか自分が弱い立場になったような感覚に陥るからです。しかし、怒りとして表現すると強い立場から感情を表現できるような気持ちになれます。

このように、私たちは怒りで自分の弱さを守っているところがあります。

ですから、目の前の人が怒っているときは、「怒られた！ 怖い！」とおびえる必要はありませんよ。相手が怒る、イコールあなたが悪いということではありません。**怒っている人を怖がる前に、その人の心の背景に目を向けてみてください。背後にある悲しみやさびしさ、弱さを隠そうとしている気持ちに気づくかもしれませんね。**

「何でそんなに怒るの？」と思っていた親の言動も、その背後に心配や不安があるのだと思うと違って見えてきます。

心のコンパスを手に入れる

メソッド
18

怒りがわいたら、どのパターンか振り返る

怒りの背景には何がある?

怒りは第二次感情といわれます。メソッド17でお伝えしたように、怒りの背景には、悲しい、さびしい、つらい、苦しいなど、様々な第一次感情が隠れているのです。

それでは、なぜ私たちは、悲しい、さびしいなどの第一次感情を表現せずに、怒りで表現するのでしょうか。

アドラー（オーストリアの精神科医・精神分析学者）によると、感情は、ある状況で、相手にある目的、意図をもって表現されるといわれます。

つまり、悲しみや苦しみではなく、怒りをもって表現するのには、相手に対して何らかの意図や意味があるのです。

怒りの目的は、４つのパターンで定義されます。
①支配：自分の思うようにしたい。相手をコントロールしたい
②優位に立ちたい：主導権を自分がもちたい
③権利擁護《ようご》：自分の命や立場・権利など「大切なもの」が傷つけられたとき
④正義感の発揮：自分の信念やルールなど正しいと思っていることが破られたりしたとき
自分がイライラしたとき、相手がカッとなったとき、「今の怒りには何の目的があるだろう」と振り返ってみると、意外な発見があるかもしれませんよ。

メソッド 19

〝反応しない〟6秒ルールを身につける

「カチン！」となって我を忘れ、言ってはいけないことまで口走ってしまったり、ひどい言葉が口をついて出るのを止められなかったりして、大切な人を傷つけたことはありませんか。

怒ったことで人からの信用を失ってしまったり、大事な人生の節目を台無しにしてしまったりすることはとてももったいないですよね。

怒りを感じたときに気をつけたいことは〝反応しない〟ことです。

反射的にモノに当たる、大声で怒鳴る、文句を言いだしたら止まらなくなるといった人は、〝反応しない〟習慣を意識して身につけましょう。

怒りのピークは「6秒」といわれています。6秒をすぎると、怒りのピークは越えて、徐々に緩和されるのです。

ただし、怒りが消えてゼロになるわけではありません。それでも、瞬間的に反応して怒りを爆発させ、人生を台無しにしてしまうよりはずっといいですね。

そこで問題となるのは、この6秒間をどうやってやりすごすか、です。

「1、2、3、4、5、6！」と6秒を心の中で早口で数えても、実際には2秒くらいしか経過していません。ですから、ちょっとした工夫が必要です。

例えば、頭の中で引き算をする、という方法があります。100引く3は97、97引く3は94、94引く3は91、91引く3は88……というように、100から引き算していくのです。このように計算しているうちに6秒間の怒りのピークをやりすごすことができます。

あるいは、おまじないを唱える、という方法があります。

あなたが「カチン！」と反応しそうになったとき、心を落ち着かせるおまじないの言葉を事前に準備しておきましょう。「大丈夫、大丈夫、大丈夫」と唱えるのもいいですし、「何とかなる、何とかなる、何とかなる」と唱えるのもいいです。「モコちゃん、モコちゃん、モコちゃん」と大好きなペットの名前や、「帰ったらアイス、帰ったらアイス、帰ったらアイス」とハッピーなことを唱えてみてもいいです。

「カチン！」ときてからおまじないを考える余裕はありませんからね、落ち着いているときに、どんなおまじないがいいか、事前に探してみてくださいね。

心のコンパスを手に入れる

メソッド 20

自分の怒りのタイプを知っておこう

あなたは、怒りを感じるとどのように表現するでしょうか。ささいなことでも「何だと！」と大きな声で怒鳴る人もいれば、昔のことを蒸し返していつまでも引きずる人もいます。

怒りには4つのタイプがあります。強度、持続性、頻度、そして攻撃性です。

あなたは、次のどのタイプが当てはまりますか？

【強度の強いタイプ】小さなことでも激昂《げきこう》する、強く怒りすぎる、ドカーンと噴火する人は強度が高いといえます。

【持続性があるタイプ】いつまでも根にもつ、思い出し怒りをするタイプです。

【頻度が高いタイプ】しょっちゅうイライラしている、いつもカチンときているタイプです。

【攻撃性が強いタイプ】対象となる人やモノを激しく攻撃するタイプです。

あなたの怒りはどのタイプ？

怒りをどこに向けて表現するかによっても3つのタイプに分けられます。

ひとつ目は、相手に向けて。ふたつ目は、モノに向けて。3つ目は、自分に向けてです。

【相手に向ける】「何やってるんだ！」「いい加減にしろ！」と怒鳴る、パチン！と手が出る、モノを相手に投げつける、このように相手に向けて怒りをぶつける人は、トラブルメーカーになりがちです。

【モノに向ける】ドアをバン！　と閉める、パソコンのキーボードを激しくたたく、リモコンやティッシュ箱を壁に投げつける、壊す。廊下をわざと足音を立ててドンドンと踏み鳴らして歩く。このような人は、怒りをモノに向けて表現するタイプです。本人は、人に向けて怒りをぶつけていないから平気、と思っているようですが、周りにいる人に恐怖や嫌な雰囲気を与えてしまうことがあります。

【自分に向ける】やけ酒をする、自分を傷つける、自分を責める、など自分に怒りをぶつけるタイプです。ストレスを内側に抱える人に多く見られます。怒りを自分に向けていることに気づかず、無自覚のまま自分自身を傷つける人もいます。

あなたは、怒りをどこに向けることが多いですか。

怒りとひとことで言っても、相手に大声で怒鳴るだけではありません。自分の怒りのタイプを事前によく知っておくことは、怒りで後悔しないためにも大切なことです。自分だけでなく、ご家族や近しい人と、怒りをどこへ向けて表現するタイプかお互いに話し合ってみてくださいね。

メソッド 21

心のコンパスを手に入れる

「べき思考」を少しゆるめる

怒りには、「べき思考」が関係しているともいわれます。「挨拶はするべき」「目上の人は敬うべき」「人に気をつかうべき」など、**誰の中にも様々な「べき」がありますが、その「べき」が裏切られたときに人は怒りを感じます**。カチンときたり、イライラしたりしたら、「自分の〝べき思考〟は何かな」と振り返ってみてください。

「べき思考」をする人の多くはルールをしっかり守り、真面目にがんばっている人です。しかし、その思いが強くなると、だらしない人を見てイライラしますし、ちゃんとできない自分のことも責めてしまいがちです。きちんとすることは良いことですが、「べき思考」で苦しくなるようなら、少しゆるめてあげましょうね。

人によって「べき」の内容は異なります。「目上の人は敬うべき」という人がいるかと思えば、「年齢関係なく平等であるべき」という「べき」をもっている人もいます。「実力主義で結果を出した人を敬うべき」という人もいるでしょう。それぞれが「自分の〝べき〟が正しい」「普通は〝こう考えるべき〟だろう」と、意見を通そうとしたら……衝突が起きるのも納得できますね。

「べき」の内容は人それぞれ。価値観や考え方が違って当たり前なのです。自分が正しくて、相手が間違っている、と決めつけるのではなく、「相手は自分とは違う〝べき〟をもっているのかもしれないな」という視点で接してみてくださいね。

犬のなき声が「わお〜ん」って誰が決めたの？
これも“べき思考”のひとつかもしれませんね。

心のコンパスを手に入れる

メソッド22

〝まぁいっかゾーン〟をつくる

私たちはみんな、自分なりの正義、ルールをもっています。「べき思考」については、メソッド21でもお話ししましたね。

「目上の人の言うことは聞くべき」「注意されたら謝るべき」「弱い人は助けるべき」「順番は譲るべき」など、私たちは様々な価値基準に沿って行動を選択しています。自分の中では当たり前の価値観ですから、世間的にも一般な共通のルールだと思い込みがちですが、「〜べき」という価値観は人それぞれ異なります。

当然のことですが、同じ価値観をもっている人同士ではトラブルは起きませんね。「順番は譲るべき」という同じ価値観をもったふたりが、同時に顔を合わせたら「お先にどうぞ」「いえいえ、そちらの方こそどうぞ」と譲り合うでしょうし、それが「当たり前」ととらえていますので、何の違和感もなくコミュニケーションはスムーズに進みます。ところが、「早い者勝ち」という価値観をもった人や「自分は譲ってもらうべき特別な人間だ」と思っている人なら、順番を譲らずに先に進むでしょう。そうすると、「順番は譲るべき」という「べき」をもっている人は、自分の「べき」が裏切られたのでムカッとします。

このようなとき、イラッとしないで済むにはどのようにすればいいでしょうか。

答えは「べきの境界線」を意識することです。三重マルを思い浮かべてみてください。一番内側のマルにあなたがいます。そのマルには、あなたと同じ価値観の人も含まれます。同じ「べき」をもつ人だから怒りはわきませんよね。

問題は、自分の価値観や「べき」に合わない人です。「普通そんなことしないだろう」「なぜそんなことを言うのか」「正しく直すべきだ」と考えると怒りがわきます。つまり、三重マルの一番内側のマルに入らなかった人に対して怒りを感じるわけです。

そんなときは、「まぁいっか（まぁ許せる）ゾーン」を設けると怒りを感じる頻度が減りますよ。**「自分はそうしないけど、相手は価値観が違うからそんな行動をとるのだ」「いろんな考えの人がいるんだね」「まぁいっか」「しかたないな」と「まぁ許せるゾーン」に置くのです**。

どうしても許せない人は、一番外側の「許せないゾーン」に置きます。このときは怒っていいんですよ。ただし、感情にまかせてぶちまけるのではなく、上手に相手にリクエストできるといいですね。

ささいなことで常にイライラ怒っている人は、「まぁ許せるゾーン」がまったくないか、あったとしてもとても狭いかのどちらかです。「まぁ許せるゾーン」を少しずつ広げることを意識するようにしましょう。

こんなことをお話しすると、「許してばかりいたら、世の中はルールを守らない人

「許せるゾーン」「許せないゾーン」の間に、「まぁいっかゾーン」があることが重要。このゾーンが怒りの緩衝材になります。

ばかりになってしまって世界が破綻するのではないか」「ダメな人は取り締まらないと、悪い人や自分勝手な人ばかり得をして、世の中が大変なことにならないですか」と疑問を抱く人がいます。

確かに、一理ありますね。ただし、世の中にはルールを守らなかったり、自分勝手だったりする人が一定数存在するものです。その人たちに対していちいち目くじらをたてていたら、あなたの方が疲れてしまいますよ。あなたがいくらイライラしたとしても、相手にとってはどこ吹く風。相手の行動がかわることはないでしょう。

つまり、相手をコントロールしようとしすぎたり、正義感をもって相手を警察官のように取り締まっても、イライラ腹の立つことが増えるだけで、いいことなんてひとつもありません。

ですから、**相手と自分は価値観が違うということをしっかり認識し、その相違点に「何でやねん！」とつっ込むのではなく「まぁいっか」と許して受け流せると、イライラすることも減りますよ。**

そして、どうしても「許せないゾーン」に当てはまる相手に対しては、行動をかえてもらうようリクエストする、不快な気持ちになったことを伝えるなど、工夫して伝えられるといいですね。

メソッド 23

心のコンパスを手に入れる

人から攻撃されたときは、そのまま〝置いておく〟

何も悪いことはしていないのに、人から責められる、攻撃される、なんてことがあれば誰だって嫌な気持ちになるものです。ましてや、「自分が悪かったのかな」と自分の中に非を探しはじめると、さらに落ち込んでしまいます。だって、いくら探したって、悪いところがどこなのか、何をかえればいいのかわからないわけですから。

まずは、「相手が機嫌を損ねたのは自分のせい」というとらえ方をやめましょう。相手の感情は、相手のものなのです。

例えば、こんなケースはどうでしょうか。あなたが接客業で一生懸命努力して創意工夫を凝らした結果、その姿勢がお客様にも歓迎されたとします。このお客様との信頼関係が、同僚からしてみたらおもしろくない、そんな理由で同僚から不機嫌な態度をとられているとしたら……。それでも、あなたは「自分のせい」と落ち込む必要があるでしょうか。この場合、同僚にとってあなたはコンプレックスを刺激する存在です。一生懸命取り組んでまぶしいくらい輝いているあなたは、同僚にとってうらやましくもあり、イライラさせられる存在でもあるのでしょう。それで、攻撃してくるのかもしれません。あるいは、チームとして仲間に入れてほしいと思っているのかもしれませんし、相手が上司の場合、あなたから頼られたい、アドバイスを求めてほしいと思っているのかもしれません。いずれにせよ、すべて、相手の都合なのですよね。

では、相手が攻撃してくるときというのは、どんなときでしょうか。

あなたより優位に立ちたい、あなたをコントロールしたい、意見や価値観の違いに腹が立つ、あるいは、何かに傷ついたことを隠したいときなどでしょう。

人から攻撃されたときは、もちろんびっくりしますし怖いと感じますが、「自分が悪い」「自分が相手の機嫌を何とか戻さなきゃ」と焦る必要はありません。なぜなら「相手の感情は相手のもの」だからです。「自分のせい」と決めつける前に、攻撃してくる相手の心情を冷静になって想像してみるといいですね。

もちろん、あなたに非があることならば、謝罪する、行動を見直すなどの対応をした方がいいでしょう。ただし、いくら考えてもわからない、ということについては、「相手の問題」ですから置いておくようにしましょう。

自分を否定せず、冷静に相手を観察して置いておく。覚えておいてくださいね。

心のコンパスを手に入れる

メソッド 24

心の温度計で〝感情〟を測ってみよう

「うわ、終わった！」「最悪だ」「すっごく腹立つ〜」「めちゃくちゃ悔しい」「悲しすぎる」……。あなたは自分の感情をどのように表現しますか。

例えば、お出かけした先で、店員さんにぞんざいに扱われ、「ウキウキ気分」から一転「最悪な気分」になったとしましょう。そのときの気分は、どのくらい最悪なのでしょうか。感情は主観的なものですから大きさや強さは、あいまいなんですよね。

こんなときは、「心の温度計」で感情のスケーリングをしてみましょう。「最悪な気分」は数値で表すとどのくらいか、温度計を思い浮かべてみてください。

人生で最大に最悪の気分を100、穏やかで平静な気分を0とします。そうするとさっきの気分は70くらいでしょうか？　それとも60？

数値にしてみると「人生最悪というほどではなかったな」「でも結構、嫌な気持ちになったよね」などと、自分の感情を冷静になってセルフモニタリングすることができますよね。

ときには、心の温度計で高い数値を出すこともあるでしょう。そんなときは、「本当に最悪な気持ちだったんだな」「思っていたより自分は傷ついていたのかもしれない」と、自分のことを振り返ることもできます。

さて、あなたの心が最近ざわついたできごとは何ですか。そのときはどんな感情だっ

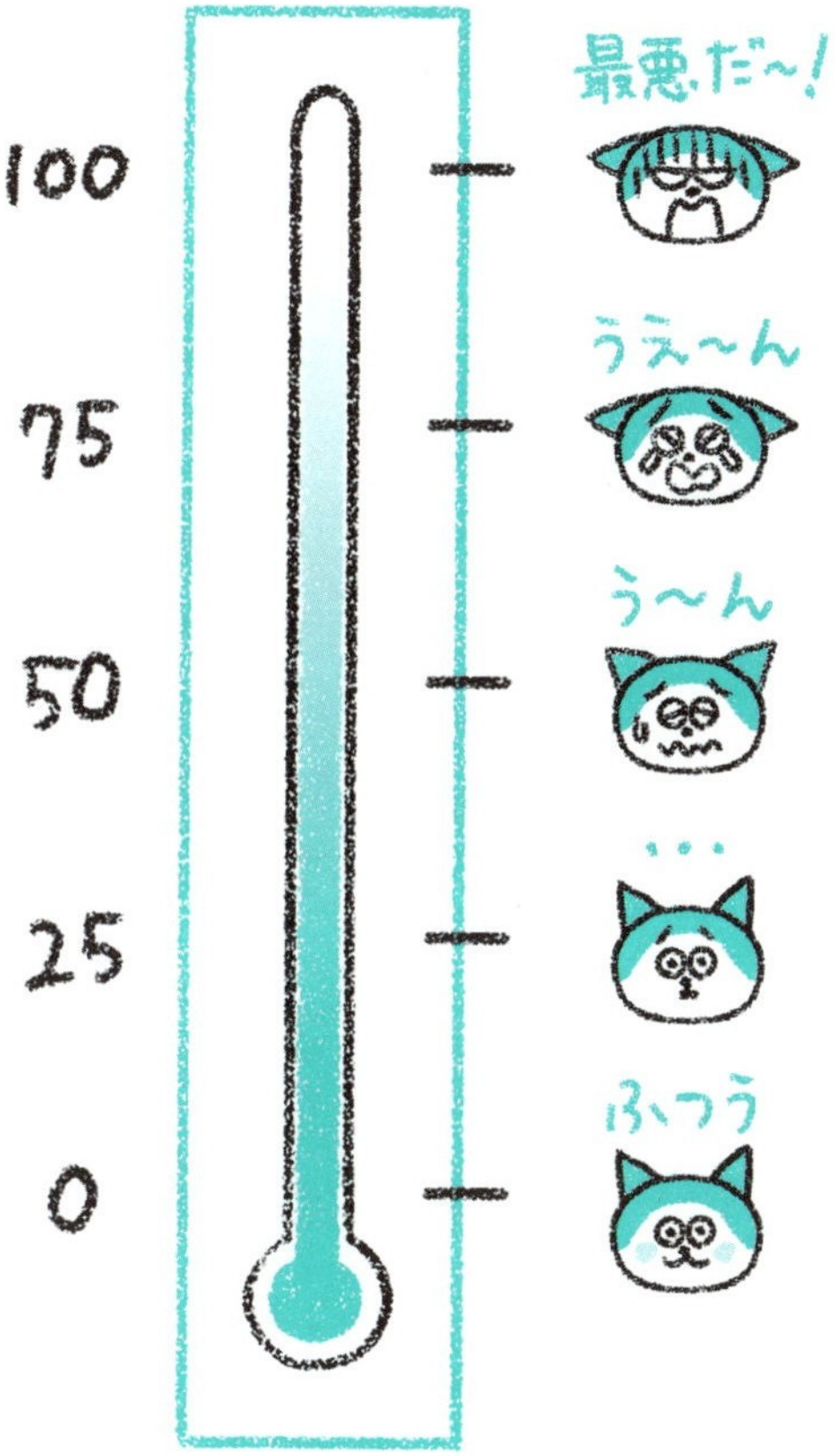

怒りやつらさを感じたら、心の温度計を思い出して。今の感情を測り、自分をモニタリングすることで冷静さを取り戻すことができます。

たでしょうか。「憂うつ」「むなしい」「悲しい」「恥ずかしい」「不安」、ほかにもいろいろあるかもしれませんね。

もしもあなたが、家族や職場の人間関係で悩んでいて、「もう顔を合わせるのもつらい」「誰とも関わりたくない」と思い詰めるほどに落ち込んでいたとしたら、今の感情を「心の温度計で測ってみよう」と、思い出してください。

発熱したとき、みなさんは体温計で熱の高さを確認しますよね。つらくてしかたないときも同じ。そんなときこそ、あなたの感情を心の温度計で測ってみてください。

人によっては、「マイナス90」と答える人もいます。マイナスで表現した方が考えやすいという場合は、それでもかまいません。この、心の温度計は、あなただけのものですから、あなたの主観、感じ方に沿って、そのままを数値化すればいいんです。

ポイントは、傷ついた自分の心と優しく対話することです。**感情に埋もれたままでは、うまく自分の感情を測ることができません。感情の渦《うず》から抜け出し、もうひとりの自分が傷ついた自分と対話するように実践してみてください。**「つらいよね。今のつらさは心の温度計で測るとどのくらいかな」というように。

心の温度計で感情のスケーリングをすると、激しい感情から抜け出し、客観的な視点を取り戻すきっかけにもなりますよ。

心のコンパスを手に入れる

メソッド
25

嫌な感情は強く記憶される

人が1日に行う思考を100とすると、そのうちの約80はネガティブな思考であるといわれています。

ふと暇な時間ができたとき、「大丈夫かな？」「できるかな？」「間に合うかな？」と心配になることはありませんか。

あるいは、「一瞬お腹がピクッとした」「何かいつもよりもだるい感じがする」「ちょっと気持ち悪いかも」というような、体のささいな変化にとらわれ、「ひどくなったらどうしよう」「大変なことが起きたらどうしよう」と極端に不安になったりすることはありませんか。

ネガティブな感情や思考は、〝悪いもの〟と思われがちですが、実はあなたを危険から守るために必要なとても重要な感情なのです。

脳は「生命の危機＝危険」を即座に察知して、すぐさま反応します。これは生き物としての本能であり、私たちの祖先は危険を察知し回避することで、安心安全を守ってきたのです。

怖い思いや嫌な思いをすると、私たちの脳にはその記憶が強く残ります。人前で大きな失敗をして恥ずかしい思いをしたときも同じです。できたことよりもできなかったこと、楽しかったことよりもつらい思いをしたことの方が強く記憶に残るものなのです。

誰でも傷つくのは怖いものです。同じようなことでくり返し傷つきたくはないでしょう。再び傷つくことを避けるために、私たちの脳は、〝怖かったこと〟〝嫌だったこと〟をしっかりと記憶しておくのです。

「もしかすると、〇〇かもしれない」と最悪なことを想定する、「また失敗したらどうしよう」とまだ起きもしないことを考えてしまう、これらを「予期不安（↓P32）」といいます。


私たちの脳はネガティブなことを強く記憶するという働きがあることを知っていれば、こうした予期不安にも上手に対処することができるようになります。

むやみに怖がる必要はありません。ふと「予期不安」が生じたとしても、落ち着いて客観的視点にたって、「まだ起きていないから大丈夫」「前と同じようになるとは限らない」と受け止められるようになるといいですね。

心のコンパスを手に入れる

メソッド 26

「消えたい」自分に、ねぎらいの言葉をかける

自分のことを一番わかってあげられるのは自分自身ですからね。“自分応援団”をつくりましょう！

「何をやってもうまくいかない」「生まれ育った家庭が不安定だったために苦労を背負わなければならなかった」「生きていても何も良いことがない」そして「消えてしまいたい」と思うあなたへ。

生きていれば良いことがあるはず、などと気安く言うつもりはありません。

あなたにとっては、生きていることがとても苦しく、いなくなってしまった方がずっとラクだと感じることもあるでしょう。

ですから、今日一日を生きることは、あなたにとってとても大変なことです。明日のことは考えなくていい。「消えてしまいたい」と思いながらでもかまわない。

ただ今日一日を何とか生きた自分に、「つらかったね、がんばったね」と、声をかけてあげてください。

何もキラキラ前向きに生きることだけが生きることではありません。「生きる」という光の方向へ背を向けていてもいい。背を向けたままバックするように後ろ向きに歩けば、それは「明日」へと進んでいることになるのです。

あなたの苦しさ全部を私は知ることはできないでしょう。**どんなに傷ついたか、さびしかったかを一番理解してあげられるのはあなた自身です**。「つらいのによく今日も生きたね。えらかったね」と、あなた自身をいたわり、大切にしてあげてください。

3章

“認知行動療法”で、とらえ方をかえる

認知の里は、自分自身を見つめ直す場所です。
あなたを苦しめている考え方や行動を少しずつかえていくことで、
つらい気持ちをラクにすることができる――
これが“認知行動療法”です。

認知の里に着いたよ
ようこそ認知の里へ
あ、誰かいる
ど、どうもこんにちは
・・・
ようこそ認知の里へ
えっ、ムシされた？
何か気にさわった？
嫌われてしまった・・・！
ただの看板だにゃ
認知の勘違いにゃ
ズコーッ

心のコンパスを手に入れる

メソッド 27

〝リスク回避〟のネガティブ思考はほどほどに

傷つきたくないときのネガティブ思考!?

よく「ポジティブに考えよう」といわれますが、あえてネガティブに考えることで不安を軽減しようとする考え方のクセがあります。

ポジティブに考えていたのにもかかわらず結果が悪かったら、良いイメージと悪い結果の落差が激しくなりますよね。その落差にショックを受けないよう、あえて前もってネガティブなことを想定しておこう、という考え方です。

事前に悪い結果を予測しておけば、「ほら、やっぱりね」とダメージは少なくて済むし、予想に反して良いことが起きたら、純粋に喜べますからね。私も、子どもの頃はそのように考えていました。ショックを緩和するための工夫です。

最悪なことを想定しておけば、リスク回避のための対策を事前に準備することができます。何も準備していなければ、突然悪いことが起きたときに対応できなくて、それこそ最悪な事態になってしまう。だから「ショック回避思考」を手放せずにいました。

けれども、この考え方には「やりすぎ注意」という注意書きがつきます。

最悪なことをくり返し脳内でイメージ再生すると、過剰に神経質になったり警戒心が強くなったり、悲観的な思考に陥ったりしてしまいます。リスク回避は、ある程度対策を立てたら十分です。「よし、これで何が起きてもある程度は、大丈夫」と自分に言い聞かせて、今度はうまくいくイメージをもつようにしてくださいね。

心のコンパスを手に入れる

メソッド 28

考え方、とらえ方をかえる

ＳＮＳの返事がまだ来ない、投稿に「いいね」がつかない、反応が薄い、何か変なメッセージを送ってしまったかな、相手に嫌われてしまったかな……。

このように考えていると、常に相手の反応が気になったり、不安になったりして、モヤモヤしてしまいます。

あるいは、自分は一生懸命努力しているのに一向に評価されず、横にいる同僚が要領良くうまくアピールして高評価を得ていると、「ずるい」「不公平だ」「報われない」という気持ちがむくむくとわき上がります。こんな考え方に支配されると、イライラしたり、無力感を感じたりしてしまいます。

私たちは、怒りや悲しみ、不安など様々な感情をもっています。

では、あなたの感情はいったいどこからやってくるのでしょうか。

感情は、嫌なできごとや相手とのやりとりが原因で生じるものだ、と認識されがちですが、実はそうではありません。

あなたの感情は実はあなたの考え方、とらえ方からやってくるのです。

「自分は失敗してしまったのかな」「相手に嫌われてしまったかな」「相手はずるい」「不公平だ」「自分は報われない」、このような考えが頭をふとよぎると、それをきっかけにモヤモヤした嫌な感情がわいてきます。あなたの考え方、とらえ方がモヤモヤする嫌な感情をつくり出したのです。

あなたの感情が、あなたの考え方、とらえ方によってつくり出されるならば、その考え方やとらえ方をかえてみるとどうでしょうか。

「相手の反応を気にせず、自分が良いと思ったものを投稿しよう」

「相手には必要な用件を伝えられたらそれでいい」

「相手が要領良くやっているからといって自分の価値が下がるわけではない。コツコツと取り組むところが自分の長所なのだから、人と比較するのはやめて、自分の良さを認めよう」

このように考えると、先ほどのモヤモヤした気持ちが少しだけラクになりますね。

ものごとの考え方、とらえ方をかえることで気持ちをラクにすることができる、これが「認知行動療法」です。

メソッド 29

〝なりたい自分〟になりきる

あなたはどんな自分になりたいですか。嬉しいときはガハハと笑い、腹が立ったときは嫌だったことを素直に伝える、自分の気持ちに正直な人でしょうか。それとも、自分の好きなことを貫き、生きがいを感じて取り組む人でしょうか。

「そんなのなれるわけない」と、自分を否定する考えが浮かぶかもしれません。しかし、もしも何の制約もなく、言葉にしていいのなら「どんな自分になりたいかな」と想像してみてください。**憧れの人になりきってもいい。理想の姿を想像してもいい。**

もしも憧れのあの人だったらきっと嫌な相手をスルーするだろう、あの人だったらにっこり微笑むだろう、などといろんな考えが浮かんでくるのではないでしょうか。

〝なりたい自分〟になりきって考えてみてください。

ここでのポイントは、自分の思考で考えないことです。

「もしも、〝なりたい自分〟だったらどうするか」を意識していると、だんだん理想の人の思考が身について、いつのまにかあなたのものになっていますよ。

メソッド 30

心のコンパスを手に入れる

〝なりたい暮らし〟をイメージする

あなたは、どんな自分になりたいですか。さらに具体的にイメージしてみましょう。もしもあなたが「なりたい自分」になったら、どんな生活を送っていて、周りにはどんな人たちがいて、どんな気持ちで暮らしているでしょうか。

「どうせなれるわけない」「なれるわけないのにムダ」という考えが浮かんでくるかもしれません。

しかし、想像するのはタダですから、ありありと映画を観るかのように映像で思い浮かべてみてください。そして、既にその望みがかなったところをイメージしてみましょう。

例えば、こんなふうです。私は、15年後、庭で大根やトマトだけでなくハーブを育てて、採れたての野菜でお料理をしています。新鮮な野菜は体にもいいし、土を触ると心が落ち着き、お日様のぬくもりを感じます。庭に遊びに来た野鳥の鳴き声や姿で種類がわかるようになり、ほっこりすごしています。家を訪問してくれた人にゆっくりお茶を出し、いろんなお話を聞いてすごしています。

実際、現在の私がわかる野鳥の名前は、スズメとカラスとハト、ウグイス、モズ、ムクドリくらいです。家の中は雑然としていて片づいていないので、突然お客さんが

どんなに現実とかけ離れていても大丈夫。なりたい自分、なりたい暮らしは、理想の生活を夢見るところから始まります。

来ても、ゆっくりお茶をいれるどころではありません。

けれども、**そうなりたいな、と思う「なりたい自分の姿」を明確にイメージしたところから意識変化が起こります**。理想と現実のギャップを埋めようとするのです。野鳥に注意が向けられるので、鳴き声を耳にすると「何の鳥だろう？」と調べたくなります。また、雑然とした部屋を見渡し「ここの部分をスッキリ片づけよう」と行動にも変化が起こります。

このように行動がかわれば、現実がかわり理想の自分に近づきます。理想と現実のギャップに気づいたらそのギャップを埋めるために行動することです。

意識をかえると行動がかわり、行動が現実をかえていきますからね。

「なりたい自分」を既にかなった場面としてイメージすると、脳は現実と想像の違いが判別できないので、脳内でイメージした想像の世界が現実だと勘違いします。そうすると、まだ現実には実現していなくても、ふんわり嬉しい気分になったりワクワクしたりして、感情にも変化が起こるのです。

メソッド 31

感情の糸玉をひもといてみる

「あの人の顔を見るとイライラしちゃう」「仕事の資料をつくるとき、憂うつになる」「人前で話すと緊張する」……。あなたの心がざわつくのは、どんなときでしょうか。

イライラや憂うつ、緊張、このような感情をつくり出しているのは、目の前の相手でしょうか、それとも仕事の山か、はたまた人前で発表するなどの場面でしょうか。

いえいえ、「できごと」や「相手」があなたの感情をつくり出すわけではありません。

あなたの感情は、「あなたの考え方」からやってくるのです。

相手の顔を見たときに、あなたは心の中でどんなことをつぶやいていますか。

「いつも自分勝手で私の気持ちなんてわかってない」「何度同じことを言えばわかるの？」

心の中のつぶやきが、あなたをイライラさせているのです。

イライラや怒り、悲しみ、憂うつ、緊張、後悔、孤独、様々な感情に溺れそうになったら、その感情をつくり出している考えがどのようなものかひもといてみましょう。

あなたの中にある〝考え方のクセ〟に気づくかもしれませんよ。

心のざわつきから“考え方のクセ”を知る

[感情：悲しみ・怒り]
心のざわつきや感じたことを言葉にしてみよう
いつも自分勝手なことばかり言って
家族は私の気持ちを
わかってくれない！！
ひもといて
いくと……
“考え方のクセ”
が見えてくる
家族だったら
私のことを
理解できるでしょ
家族のために
自分勝手な
行動はつつしむべき
いつも私だけが
ガマンするのは
おかしい

自分の“考え方のクセ”が
悲しみ・怒りをつくり出していたんだ!!
“考え方のクセ”に気づくことが大切だね!

二次元コードを読み取ると、書き込み用の
「考え方のクセ」がダウンロードできます。

心のコンパスを手に入れる

メソッド 32

客観的視点にたって振り返ってみよう

悩みごとを解決しようとして考え続けていると、次第にネガティブな考えばかりが浮かんできて、グルグル思考に陥りがちです。その結果、さらに悩みを深くしていることがあります。また、悩み続けても良い案が浮かばなくて、どうしたらいいのかわからず途方に暮れて、何もかもダメになってしまったように感じることがあるかもしれません。

こんなときは、頭の中で考えるのをやめましょう。紙に書き出すことで、悩みをアウトプットするのがいいでしょう。

そもそも、あなたは何について悩んでいるのでしょうか。漠然としていて、結局、何について不安を感じたり、落ち込んだりしているのかわからなくなっているときは、いくら頭の中でグルグル考えてもうまくいきません。

不安を漠然と感じているならば、何が不安なのかを思いつくままに書き出してみましょう。

「もしも、こうなったらどうしよう」と、まだ起こりもしない未来のことを想像しているのでしょうか。

「あの人にこう思われたらどうしよう」と、他人からの評価を気にしているのかもしれません。

「仕事のやり方がわからない」「人に聞いたらバカにされるかもしれない」、このような悩みごとも書き出して客観的にとらえ直してみます。

コツは「本当にそうなのかな」「冷静になって考えてみよう」「自分に何と声をかけてあげる？」と、自分自身に問いかけてみることです。

すると、「わからないまま進めたら大ごとになるから聞いた方がいいかも」「怒られるかもしれないけど質問した方がいい」「バカにされるとは限らない。優しく接してくれるかもしれない」といった考えが浮かびました。

このように、手放しで「大変だ」「もう無理だ」と、悲観的になってしまったときは紙に書き出して「本当にそうだろうか」「思い込みじゃないかな」と、客観的視点にたって振り返ってみることです。自分が何に悩んでいたのか、くり返し陥る〝考え方のクセ〟に気づくだけでなく、落ち着いてとらえ直すことで、取り組むべきことは何かが見えてきますよ。

悩みごとのグルグル思考を書き出してみよう

紙に書き出してみよう

仕事のやり方がわからない

人に聞いたら怒られるかも

バカにされるかもしれない

客観的視点にたってとらえ直してみよう

仕事のやり方がわからないというのは恥ずかしい	人に聞くのが怖い	人にバカにされたくない
冷静になって落ち着いて考えてみよう！	自分自身に何と声をかけてあげる？	本当にそうなのかな？
わからないまま進めたら大ごとになるから聞いた方がいいかも	怒られるかもしれないけど、質問した方がいいよね	バカにされるとは限らない。優しく接してくれるかもしれないな

心のコンパスを手に入れる

メソッド 33

モヤモヤしたら〝自動思考〟に耳をすませる

何となく嫌な感じがする、モヤモヤする、というとき、ありますよね。「何だかな」「う〜ん、何かが引っかかるけど、何だろう」。そのモヤモヤのもとは何なのでしょうか。

そのとき頭の中でふと浮かぶ〝ひとりごと〟に耳をすませてみましょう。「謙遜《けんそん》しているように言ってるけど、結局、自慢だよね」「私のことを低く見積もっているのかしら」「バカにされたみたいで嫌な感じ」

私たちの頭の中はいつもおしゃべりです。ふと浮かぶ「嫌な感じ」「モヤモヤ」の中身は、〝頭の中のひとりごと〟が、つくり出しているのです。このように、考えようと思わなくても〝勝手に自動的に浮かんでくる考え〟のことを「自動思考」といいます。

ふとした瞬間に「モヤモヤ」を感じたら、思いつくままに〝頭の中のひとりごと〟や〝心の声〟を紙に書き出してみましょう。書き出すうちに、「自分はこんなことを気にしていたのか」とあらためて気づくかもしれませんよ。

自動思考＝心の声 を拾ってみよう

ふと浮かぶ“**自動思考**”

- 知人の顔がちらつくな
- 街で知人を見かけたけど
あのときは急いでいて
スルーしちゃったな
- 気分を悪く
したかもしれないな

自動思考を検証してみよう

気づき 1
相手に嫌な思いをさせたと
思い込んで気にしている

気づき 2
頭の中に時々、知人の顔が浮かぶのは
“申し訳ない”という気持ちがあるのかも

自分に何と言って
あげたら
ほっとするかな

相手は
そんなことで気分を
悪くしていないよ

今度会ったときに
状況を説明すれば
いいんだよ

二次元コードを読み取ると、書き込み用の
「自動思考＝心の声」がダウンロードできます。

心のコンパスを手に入れる

メソッド 34

陥りやすい〝思考パターン〟を知っておく

イライラ、モヤモヤしたときどんなことを頭の中で考えていますか？

「クソ！　アイツのせいで迷惑をこうむった」「どうして私の気持ちを考えてくれないの？」「何をやってもうまくいかない」など、様々なことを考えるかもしれません。

考えようと思わなくても勝手に頭の中に浮かんでくる考えのことを「自動思考」と呼ぶことはお伝えしましたね。

実は、この頭の中に浮かぶ〝考え〟があなたの感情をつくり出しているのです。

怒り、不安、緊張、気分の落ち込みなどざわつく気持ちがわいたときは、自分の頭の中に浮かんだ考え方に着目してみてください。

頭の中で浮かんだひとりごとを思いつくままに紙に書き出していると、次第に気づくことがあります。それは、同じような考え方のパターンを何回もくり返しているこということ。そして、どんどんしんどくなっているということです。

そんなときは、今まで書き出したメモをもう一度読み返してみてください。

「やるなら完璧にやらないとダメ」「前に失敗したから今度もダメだろう」「周りからどう思われているだろう」「また体調不良になるのではないか」など、その人によって陥りやすい考え方のパターンが見つかると思います。この思考パターンを〝考え方のクセ〟といいます。

あれ？　いつも同じパターン？

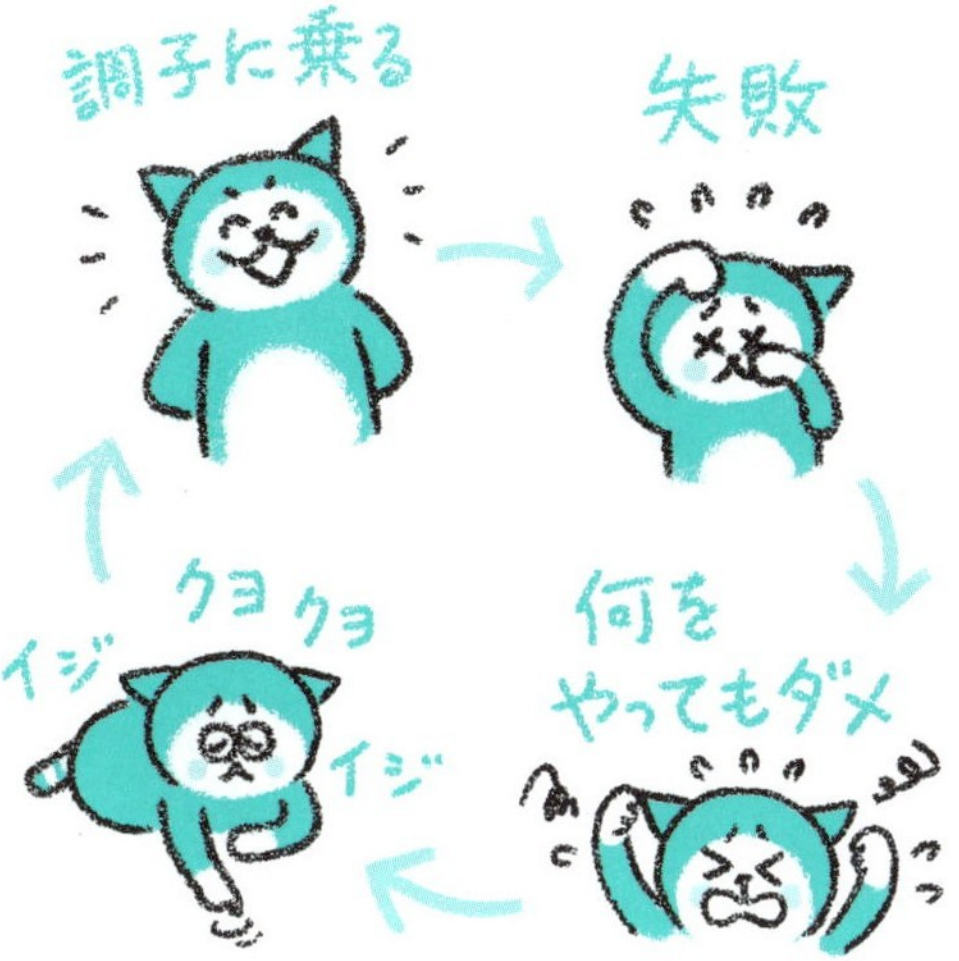

考え方のクセの中には、シロクロ思考、過度な一般化、読心術、ラベリングなど、特徴的なパターンがいくつかあります。このあと代表的なものを紹介しますね。

あなたの考え方のクセは何でしょうか。「なくて七癖」という言葉がある通り、人は誰もが〝考え方のクセ〟をもっています。ひとつもない、という人はこの世にはいないでしょう。

私もありますよ。たくさんあります。**〝考え方のクセ〟があることがダメなことではありません。大切なことは、自分の陥りやすい〝考え方のクセ〟を知っておくこと。そして、陥ったときに気づくことです。**

感情は、〝考え方のクセ〟からつくり出されます。

「こうするべきだ」「何でやらないのか」と考えると怒りにつながりますし、「失敗したらどうしよう」「体調が悪くなったらどうしよう」と考えると不安につながります。「誰もわかってくれない」と考えると孤独を感じますし、「完璧にしなければいけない」と考えると緊張します。

あなたが、不安や悲しみ、気分の落ち込み、緊張などを感じたら、その感情をつくり出している〝考え方のクセ〟はどんな思考パターンなのか、紙に書き出しながら探し当ててください。

心のコンパスを手に入れる

メソッド 35

人生の主役は、あなた

人生という舞台に立っているのはあなた自身です。誰かに遠慮をする必要はありません。スポットライトを浴びて、自分の人生を楽しみましょう。

小さい頃、親が厳しくて様々な制限があった人は、大人になっても自由に行動できないことがあります。

「自分の好き勝手に行動するのはワガママだ」「常に周りの要求に応えなければいけない」「間違ってはいけない」「迷惑をかけてはいけない」

幼い頃、親に言われた言葉がいつのまにか自分にしみついて、ふとしたときに自動的にそうした考えが頭に浮かぶようになってしまっているのです。**このような思い込みつまり、「自動思考」が大人になってもなお、あなたの行動を制限しています。**

思い込みや自分を責める考えに気づいたら、考え方やとらえ方をかえてみましょう。

「自分の好きなことをやってもいい」「周りの期待に応えなくてもいい」「間違っても、そこから学べばいい」「迷惑をかけることもお互い様」

あなたの人生はあなたのものです。どのような自動思考が浮かんできたとしても、自分を苦しめる考え方に気がついたらひとつずつ言い換えていけばいいのです。

誰かの顔色を見て、遠慮する必要はありません。誰かに植えつけられた価値観で生き続ける必要もありません。ちゃんとしていなくてもいいし、不器用でもいい。枠からはみ出してもいい。あなたは人生の主役です。

誰かのためでも、誰かに決められた人生でもなく、自分の人生を生きていいんですよ。

4章

"メタ認知"で、セルフモニタリングをする

つらいときや不安なときは、感情の渦に巻き込まれて、
自分自身を見失いがちです。そんなときは、メタ認知の気球に乗って、
空から自分をモニタリングしてみましょう。
客観視すると、いろんなものが見えてきますよ。

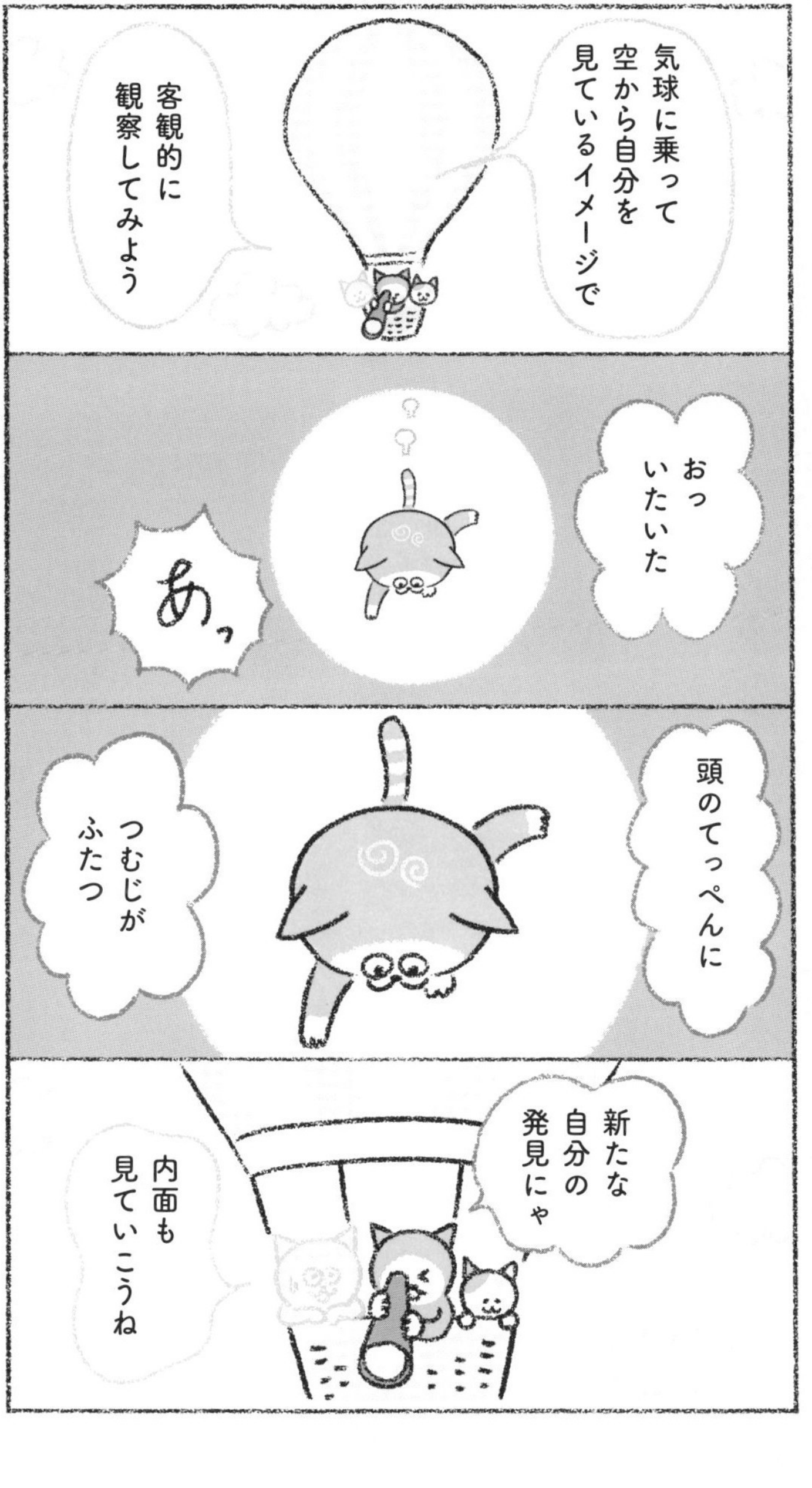
気球に乗って空から自分を見ているイメージで
客観的に観察してみよう
おっいたいいた
あっ
頭のてっぺんに
つむじがふたつ
新たな自分の発見にゃ
内面も見ていこうね

メソッド36

不安のなぞり書きをしない

「外出すると調子が悪くなる気がする」「人に会うと緊張するのではないか」と気になり、さらに「解決法」や「対策」を見いだそうとして考えるけれども、いつまでも結論がまとまらず悩み続けてしまう。そんなことはありませんか。

「もしも、嫌なことが起きたら……そのときの対策を事前に考えておこう」と、嫌な場面を想定して何度も何度も頭の中でグルグルとくり返していませんか。まるで、お絵かきで同じ箇所を何度も何度もなぞり書きするかのように。

「変に思われないかな」「間違ってないよね」と、気になる箇所を何度も何度もなぞり書きしているとその部分だけ濃くなって目立ちますよね。

不安を解消したくて、心配だからこそ「大丈夫かな」「大変なことになったらどうしよう」と考えが止まらず、また不安の渦に巻き込まれてしまう人がいます。

私は、**同じ考えをグルグルとくり返し、抜け出せない状態を「グルグル思考」と呼んでいます。グルグル思考の渦に巻き込まれていることに気づいたら、そこから離れ**

ましょう。お絵かきでいうと、別の箇所に目を向けて、背景の空や周囲の風景を描いてみましょう。**これを「脱中心化」といいます**。

〝問題を解決しよう〟と、そちらにばかり目を向けていると、いつのまにか「心配の渦」の中に取り込まれがちです。巻き込まれないように注意してくださいね。

グルグル思考がはじまったら……
不安や心配の渦に巻き込まれる前に、
脱出をはかろう。

メソッド 37

〝メタ認知〟でとらえ方をかえる

「あぁ、さびしい。さびしい」と、さびしさでいっぱいのとき、ありますよね。そんなとき、「あぁ、自分はすごくさびしいと思っているんだな。ひとりでは心細い、誰かにそばにいてほしいと思って、さびしいんだ」ととらえてみてください。そうすると、少し気持ちを落ち着かせて、冷静に自分を見つめることができます。

感じていることを〝感じる〟。考えていることに〝気づく〟。これを「メタ認知」といいます。

メタとは「多層の」という意味で、メタ認知は「認知を認知する」という意味です。

ちょっとイメージしてみてください。

自分自身の体から幽体離脱《ゆうたいりだつ》して、少し斜め上の離れたところから、さびしくなっている自分を観察してみるのです。あるいは、カメラを「引き」で見て、状況や感情や考え方を「俯瞰《ふかん》」してみるのです。

さびしさの渦に巻き込まれた自分から、幽体離脱して、ちょっと離れて安全なとこ

ろから「さっき溺《おぼ》れていたさびしさの渦はアレかぁ～」と観察するイメージです。

嬉しいときも同じです。「嬉しい！」と自分は感じているのだな、「久しぶりにリラックスできて嬉しい！」と、自分の感情や考えに気づく自分をつくってみてください。日々の生活が「発見」「気づき」でいっぱいになり気持ちが豊かになりますよ。

自分の体から抜け出すイメージで観察してみましょう。斜め上から眺めると、自分の状況や感情や考え方が違って見えてくるものですよ。

心のコンパスを手に入れる

メソッド 38

“メタ認知の気球”に乗ってみよう

メタ認知の気球は、いつもあなたのそばにいます。上空から見える景色の中には、たくさんの“気づき”がありますよ。

悲しみのどん底にいるとき、怒りで逆上するとき、私たちは、感情の渦に巻き込まれています。感情の渦に巻き込まれると、視野が狭くなり、考えも極論になりがち。

そんなとき、ふと我に返ると「何を悲しんでいたんだろう」「怒ることでもないのに」と落ち着きを取り戻すことがあります。これが感情の渦から抜け出せた状態です。「俯瞰して気づく」経験は、あなたにもあるのではないでしょうか。このように、**感情の渦から距離をとることを「脱中心化」といいます**。

そして「脱中心化」をはかるために、〃メタ認知〃が必要なのです。

さぁ、感情の渦に巻き込まれたら、幽体離脱して〃メタ認知の気球〃に乗り込みましょう。気球は上へ上へと上がっていきます。すると、あなたが悲しんだり、怒ったりしている様子が眼下に見えます。「心の森」で迷い込み、グルグル思考に陥っている自分。怒りのあまり頭の中が噴火している姿。悲しみや不安の渦に巻き込まれている様子。客観的に、少し離れた上から眺めてみると、なぜ、そんなに悲しんでいたのか、何がそんなに自分を怒らせていたのか気づくことができます。

気球に乗り込むためのチケットは、ただ「気づくこと」、それだけです。「あ、自分は感情の渦に巻き込まれているな」「こんなときは、気球に乗ろう」、そう意識するだけで、あなたは感情の渦から抜け出し、気球に乗り込むことができるのです。

心のコンパスを手に入れる

メソッド 39

想像は想像。現実ではない

“気がかり”なことを考え続けているうちに、想像が膨らんで、まるで現実に起きているかのように感じてしまうことがあるんですね。

自分の想像した「最悪な世界」に埋没してしまうことで、自分自身を不安にしてしまうことがあります。例えば、「恋人と別れたくない」と思えば思うほど、別れの場面をありありと映画のように頭の中でイメージし、まるで別れが現実に起こっているかのように味わう。そんな経験はありませんか？

「みんなに嫌われたくない」と思えば思うほど、「嫌われているのではないか」「絶対に嫌われている」などと、現実と想像が次第にごちゃまぜになってしまうのです。

悪い場面をありありと想像してまさに現実に起こったかのように体験する。**現実と想像が融合して「確定事項」のように「体験」して不安になる。このような状態を「フュージョン（融合）」といいます**。

あなたが陥りやすいフュージョンは、どんな世界でしょうか。

「失敗したくない」「体調を崩したくない」という気持ちが強いあまり、「大失敗して人生を台無しにする」「体調を崩して救急車で運ばれる」、こんな最悪な場面を想像して、不安を募らせる人もいます。

当たり前ですが、思い描いた想像は、現実ではないですよね。無意識のうちに想像と現実がごちゃまぜになって同一化してしまっている人は、その状態から脱する必要があります。それについては、また後ほど説明することにしましょう。

心のコンパスを手に入れる

メソッド 40

〝不安スイッチ〟を自分で押さない

ソワソワ落ち着かない、吐きそう、めまいや頭痛が気になる……。

そんな症状を訴える人に、「何か不安になるできごとがありましたか」とたずねても、たいていの方は、特に何も思い当たることがないと言います。

そんなとき、私は「大丈夫かな、調子悪くならないかな、と体調チェックをしていませんか」とたずねることにしています。すると、「あ、それ、やっちゃってます！」と言う人が多いです。

実は、この「大丈夫かな」と自分自身に声をかけることが、〝不安スイッチ〟につながっているのです。

朝起きてすぐに「今日の体調はどうかな」、外出する前に「出かけて大丈夫かな」と確かめる習慣がある人は、自分で不安スイッチを押していることに気づきましょう。

不安にさせている張本人が自分であることに「気づく」だけで、不安から少し距離をおけ、冷静になることができますよ。

心のコンパスを手に入れる

メソッド 41

「本当にそうだろうか」と考え直すクセをつける

イライラしたり、悲しい気持ちになったりしたら、頭の中をよぎったひとりごとを書き留めましょう。私たちの頭の中は、とてもおしゃべりです。考えようと思わなくても次々にいろんな考えが浮かんできます。この、**勝手に浮かんでくる思考のことを「自動思考」（→P111）といいます**。

「仕事を辞めるしかない」「大変なことが起きる」「どうせうまくいかない」「迷惑だと思われている」「嫌われている」「いない方がみんなのためだ」、**そんな自動思考が浮かんできたら「本当にそうだろうか」と、客観的視点で振り返ってみてください**。

すると、「誰かに迷惑と言われたことはない」「嫌われているかどうかはわからない」「役に立っていることもある」「まだ起きていないことは考えなくていい」というように、とらえ方をかえることができますね。

考え方がかわれば感情がかわります。考え方をかえるには、自分の視点をかえることが大切です。「本当にそうだろうか」を合言葉にしてみてくださいね。

心のコンパスを手に入れる

メソッド 42

〝合理的思考〟で自分に声をかけてみる

大丈夫、大丈夫
客観的に考え
ましょうや
最初は離れて
ただ見てる
だけでいいにゃ
合理的思考
う〜む
そう簡単に
切りかえでき
るかな…

気球から、自分の姿が見えましたか？ “人に優しく”の精神で、自分にも優しい言葉をかけてあげられるといいですね。

考え方のクセに気づいたら、メタ認知の気球に乗って、斜め上から自分を俯瞰してみるというお話は前にしましたね。さて、気球に乗ると、どんな光景が見えてくるでしょうか。イライラしたり落ち込んだりしている自分の後ろ姿が見えるかもしれませんね。そんな自分が見えたら優しく声をかけてあげましょう。

落ち着いて、客観的視点にたって、「やってみないとわからないよ」「嫌われているとは限らないよ」「失敗してもいいんだよ」「完璧にやらなくても大丈夫」。こんなふうに、自分自身に声をかけてあげるといいですね。

このように、客観的視点にたって修正された思考を**「合理的思考」**といいます。

ところが、この合理的思考、「何となくしっくりこない」「頭では、〝そう考えるといい〟とわかっていても、心からそう思えない」という声をよく聞きます。

それもそのはず。ポジティブな合理的思考よりも、自分を苦しめてきたネガティブな思考の方が、長年慣れ親しんできたものなので、しっくりくるのです。

ですから、はじめのうちは、合理的な思考に慣れなくてもOK。ただ、「本当にそうだろうか」と冷静に客観的に振り返る習慣を身につけてください。そして心からそう思えなくても、「落ち着いて考えたら、こう言いかえることができるかも」と、少し離れたところから、とらえ直してみるといいですよ。

メソッド 43

行動記録表をつけてみよう

落ち込んだり、イライラしたり、やる気がなくなったり。私たちの感情や体調は、日々変化します。自分の感情や体調の変化を俯瞰してみるためにも「行動記録表」をつけてみるといいですよ。

朝○時に起きて、○時に朝食を食べ、洗濯をする。昼食後は動画鑑賞をして、買い物へ出かけ、夕食を食べたら、ＳＮＳ。気がつくと深夜0時を回っていて、午前2時前に就寝。朝○時、とりあえず起きるもやる気が出ない。これらを記録するのです。**記録表をつけていくと、生活リズムやできごとと感情や体調との関係が見えてきます**。家事ができると達成感で気分が上がった、入浴を夕食前にしたら就寝時間が早くなったなど、少しの工夫で体調が良くなることに気づくかもしれません。

人によってはお天気が関係していることもあります。気候の変化も記録しておくといいですね。また、**女性は月経周期と感情変化に関係がある人も多いです**。月経前に落ち込む、動けなくなるなど、気づいた点を書き留めてみましょうね。

行動記録表　何をしたか、どんな気分だったか、天気などを記入してみましょう

時間	● /8（土） 天気：くもり	● /9（日） 天気：はれ	/　（　） 天気：
0:00			
2:00			
4:00			
6:00			
	起床	起床	
8:00	朝食	朝食	
	家事	家事	
10:00	SNS	散歩	
	↓	↓	
12:00	昼食	昼食	
	動画鑑賞	動画鑑賞	
14:00	↓	↓	
	カフェ	片づけ・リサイクルショップへ	
16:00	買い物	買い物	
	炊事	炊事	
18:00	↓	入浴	
	夕食	夕食	
20:00	SNS	SNS	
	↓	↓	
22:00	↓	↓	
	入浴	就寝	
24:00			
	就寝		
2:00			
気づいたこと	だらだらとSNSを見て入浴のタイミングを逃してしまった。	散歩をしたら、気分がスッキリした。入浴を早めに済ませることができた。	

二次元コードを読み取ると、書き込み用の「行動記録表」がダウンロードできます。

心のコンパスを手に入れる

メソッド 44

気分がいい行動を見つけよう

アタシは…
テーブルの上を
夢中でピカピカに
しているとき
気分がいいにゃ
いいね!
キュッ キュッ

「夢中になってて体調のことを忘れてた」

ということありますよね。

体調が悪く気分がすぐれないときは、どうしてもネガティブな面に目が向きがちです。「今日の体調は大丈夫かな」と体調チェックをして、気になる部位に注目してしまい不安スイッチを押すことになっているケースもしばしば。

そんなときこそ、調子の良いときに注目しましょう。

調子が悪いときのことばかりではなく、うまくいったとき、気分が良いときはどんなときかを振り返ってみるのです。あなたはどんなときに、気分がいいですか。気持ちが穏やかでほっとするときはどんなときでしょうか。何かに夢中になっていて体調のことを忘れていた、ということありますよね。

朝、散歩をすると「今日は散歩ができた」と気持ちがスッキリしてその日1日調子が良いという人もいれば、カフェで本を読むときが一番穏やかな時間だという人もいます。気持ちがほっこりして穏やかな気持ちになれる、心が落ち着くことを探してみましょう。編み物などの単純作業やイラストを描くなども集中して穏やかにすごせる良い方法です。新しい行動をはじめるより、既に取り組んでいる行動に目を向けるのがおすすめです。

自分の気持ちが整うときがどんなときかを知っておくと、気持ちが沈んだときに、立て直すきっかけにすることができます。

心のコンパスを手に入れる

メソッド 45

ほめほめポイントを探して自分をほめる

＼自分／
☆ほめほめ祭り☆
朝起きれた
スゴイ！
歯をみがいた
サスガ！
ごはん食べた
スバラシー
とにかく
エライ！
ヨッ
天才！！

あらゆることがほめほめポイントになります。心配性のあなたは特に、ほめすぎなんて心配せずに、たくさん自分をほめてあげましょう。

自分にダメ出しをする、自分に厳しい、人の顔色ばかり気になる、悪いことばかり想像して不安になる。そんなあなたは、自分のことを毎日ほめてください。

①1日を振り返り「ほめほめポイント」を探す 誰でもできる簡単なことでOKです。歯みがきできたね、朝起きて着がえたね、なんてことも十分ほめほめポイントです。

②自分の名前を声に出して呼びかける 「○○ちゃん」と声に出して呼びかけます。これにかなり抵抗がある人もいます。自分のことを好きでない人は苦行に感じるかもしれません。昔の私がそうでした。けれども、続けていくとだんだん馴染んで受け入れられるようになりますから、最初は勇気を出して名前を呼んでみてください。

③「ほめほめポイント」を声に出して言う 「今日は、お風呂に入れてえらかったね」「嫌な上司に報告できてすごいよ」など、「ほめほめポイント」を見つけて声に出して言いましょう。

④最後にほめ言葉をつける 〝自分をほめて〟というと「仕事に行けました」「課題ができました」と、できごとだけを言う人がいます。これは、ほめたことになっていませんよ。「天才だね！」「才能あるね！」「すごい！」「がんばった」「自分のことを大切にできたね」「尊敬に値するよ」「価値ある行動だね」など、「ほめほめ言葉」を最後につけ加えてくださいね。

心のコンパスを手に入れる

メソッド 46

忘れたら、思い出してまたほめる

自分をほめるのが苦手な人はとても多いです。反省会なら毎日でもできるのにね。自分にダメ出しをして叱咤激励《しったげきれい》をすると、ダメな自分を罰することで許されるような、妙な安心感を抱く人もいます。あるいは、最悪の事態を想定することで、いざ、うまくいかなかったときショックを受けないように予防する人もいます。

自分をほめると、変な自信をもってしまい調子に乗って大コケするのではないか、いつかしっぺ返しを食らい下り坂に転じるのではないか。様々な考え方のクセが、自分をほめる習慣のジャマをします。

数日はがんばって自分をほめるのですが、徐々に忘れてしまい、自己肯定感を上げるどころか、いつのまにかもとの木阿弥《もくあみ》で、自分を否定して責めるクセに逆戻り、ということもよくあります。継続する、って、なかなか一筋縄ではいかないのです。

さぁ、今日からまた自分をほめてみませんか。忘れたら、また思い出して再開すればいいのです。毎日自分をほめてあげてくださいね。

メソッド 47

心のコンパスを手に入れる

大切な人の言葉を想像してみる

自分のことを否定し厳しく批判するクセのある人は、自分をほめることが苦手です。自分に対して厳しい言葉は次々と出てくるのに、どうしても自分を優しく受け入れたり、認めたりすることがしっくりこないのです。

そんなときは、**自分以外の思考パターンに変換するといいですよ。**

自分のことを応援してくれる人、わかってくれる人、見守ってくれる大切な人のことを思い出してください。あるいは、「あんなふうになれたらいいな」と尊敬できる人でもいいですよ。身近な家族、友人でもかまいません。

そして、その大切な人の顔を思い浮かべてみてください。**落ち込んだとき、不安なとき、あなたにとって大切な人は、あなたに向けて何と言ってくれるでしょうか。**

「十分がんばっているよ」「無理しないで」「大丈夫だよ」「私たちがついているよ」。ほっとする言葉が浮かんでくるかもしれませんね。自分のことをほめるのが苦手な人は、「大切な人だったら自分に何と言ってくれるかな」と想像してみるといいですよ。

メソッド
48

“イライラ”はガマンしないで準備する

あなたは、イライラすると自分がどんな状態になるか、知っていますか。

私は、疲れたり時間に追われて焦ったりすると、ついイライラしてしまいます。眠いときや、お腹がすいているときもイライラしがちです。

イライラすると、どんなことが起こるでしょうか。

だんだん口調が荒くなり、「何でもいいから早くして」など、投げやりな返答になってしまいます。ですから、**私は「イライラしているな」と自分の感情の変化に気づいたら、できるだけ無言で淡々と目の前の用事をこなすように心がけます**。

あるいは、自分がイライラしている理由を家族などに自己申告します。「眠いからイライラしているの」「怒っているわけじゃないよ、時間がないから焦っているの」というように。そうすると、家族は「早く寝て」と言ってくれたり、「そうなんだ」とわかってくれたりします。

自分の感情について知っておくって大事ですね。イライラや落ち込みに陥りやすい状況を事前に知っておくと、気づきも早くなります。私たちは人間ですから、イライラすることもありますし、落ち込むことだってあります。それが自然のことなんです。**「イライラしないように、落ち込まないようにしなきゃ」と身構えるよりも、「イライラしても落ち込んでも大丈夫な方法」を事前に用意しておくといいですね。**

イライラしてもいいんです。どうしてイライラしているかがわかれば、みんな寛大な気持ちで受け入れてくれるものです。

心のコンパスを手に入れる

メソッド 49

〝錯覚〟に気づいたら離れる

不安で身動きがとれなくなる前に、自分がつくり出した錯覚に気づきましょう。それが「脱フュージョン」の第一歩ですよ。

「もしも、◯◯だったらどうしよう」と悪い想像をするクセはありませんか。

「そんなふうになりたくない」という気持ちが強いがために、最悪な結果を想像してかえって不安を増長させることはありませんか。

「もしもここで失敗したら会社をクビになるかもしれない」と、悪い場面をありありと想像して、まさに現実に起こったかのように脳内再生している人は、心当たりがあるでしょう。現実と想像が融合して、まるで「確定事項」のように「脳内体験」して不安になる。メソッド39でも説明しましたが、このような状態を「フュージョン（融合）」といいます。

でもね、冷静によく考えてみてください。自分の思い描いた想像は、単なる「想像」であって、「現実ではない」ですよね。自分の「思考」「想像」が、いかにも現実に起こるかのように「錯覚」して自分を不安にさせているんです。

ですから、**自分の思考や悪いイメージに気づいたらそこから離れるようにしましょう。これを「脱フュージョン」といいます**。

あなたの頭の中で〝悪い想像〟がはじまったら、「あっ、これはフュージョンの状態だな。現実と想像がごちゃまぜになった状態を体験しているんだな」と気づいてください。そして現実には、まだ最悪な事態になっていないことに気づきましょうね。

メソッド 50

悪夢は自分で書きかえる

あなたは悪夢を見ることがありますか。

「悪夢を見たあとの嫌な感じをどうすればいいですか」。このようなご相談を受けたときに、私は数年前から、「ある方法」をお伝えしています。**それは、「悪夢」を「救いのあるストーリー」に書きかえるという方法です**。

つまり、悪夢を見て目覚めたら、もう一度目を閉じて夢の一場面をイメージします。そして、その中にスーパーマンのようなヒーローを登場させるなどして、ピンチから救ってもらうストーリーに書きかえるのです。魔法を使って、相手をやっつけてもかまいません。自分で想像して自由に書きかえていいのです。

私たちの脳は、睡眠の間に記憶の整理をしてくれています。ただ、嫌な記憶については、一度に消化しきれず、何度もくり返し想起しながら脳は整理しようとします。それが悪夢となって現れるのかもしれません。ですから、悪夢を見たときは「脳が記憶の整理をがんばってくれている」ととらえるのもいいですね。

人は「コントロールできない」と思うと不安に感じ、「コントロール可能」と思うと心に余裕を感じるものです。夢のイメージは、自由に書きかえてコントロールすることができます。記憶の整理をがんばってくれている脳に感謝して、嫌な感覚は、自分がしっくりくる感じにイメージでケアしてあげてくださいね。

自分自身がスーパーマンや魔法使いになるのもいいですね。どんなに自分に都合の良いストーリーでも誰も文句は言いませんよ。

メソッド 51

クロをシロに引っくり返す

頭の中がマイナス思考で覆いつくされそうになったら、頭に浮かぶ言葉をクロからシロに引っくり返してみましょう。ちなみに、クロはマイナス思考から生まれる言葉で、シロはプラス思考から生まれる言葉です。

「いいかげんなヤツだな」と相手を批判するクセがある人は、相手に対する評価を「おおらかだよね」「伸び伸びしているね」と言いかえてみましょう。

自分に対して「もっとしっかりしないと」とダメ出しをする人は、「自由でいいよね」「柔軟な感じがいいね」「自分らしくていいよね」と言いかえてみるのです。

「失敗」は「良い経験」、「落ち着きがない」は「エネルギッシュ」、「暗い」「落ち込みやすい」は「思慮深い」「慎重」……。こんなふうに、引っくり返してみると、ものごとは表裏一体、良い面もそうでない面もあることに気がつきます。

あなたは普段、どんな言葉を使いますか。

もしも、悪い面や嫌な一面にばかり目が向きがちなら、オセロゲームのようにクロをシロに引っくり返してみましょう。今まで気がつかなかった良い側面に気がつくかもしれませんよ。

プラス面に目を向けられるようになると、モヤモヤした心の中に変化が起こります。オセロのコマをクロからシロに引っくり返す、あの心境です。

心のコンパスを手に入れる

メソッド
52

「まぁいっか」を口癖にする

「まだ起きもしないことを想像する」「他者の評価が気になる」など、私たちは自分の考え方のクセにとらわれて、不安や落ち込み、イライラに陥ってしまいます。

不安を解消したいと思うあまり、「万が一、大変なことになったら、どうしたらいいんだろう」「最悪なことが起きたときの対処法を考えておかなくちゃ」と、起こりもしない可能性の低いことをグルグルと考える人もいます。

また、「なぜあんなことをしてしまったのか」と過去の失敗を何度も反すうして悔やむ、あるいは自分とは異なる価値観の人の言動が気に入らない、さらには相手に改善のきざしが見られないと「どうしてあの人は反省しないのか」とイライラする人もいます。

起こる可能性の低いこと、過去のすぎてしまったこと、相手の言動や価値観は、いくら考えてもしかたのないことだったりします。

自分の力ではどうしようもないこと、かえられない状況にこだわり、グルグル思考にどっぷりとハマってしまった自分に気がついたら「まぁいっか」と口に出してみましょう。**考えてもしかたのないことは「まぁいっか」で、ひとまず区切りをつけましょうね。**

「まぁいっか」は、魔法のような言葉なんです。イライラ、モヤモヤした気持ちを整理するときに使ってくださいね。

メソッド
53

「これでいい。これがいい」と唱える

よく、「自己肯定感を上げたいです」「自己肯定感が低いのが気になります」というご相談をお受けします。**小さい頃から認めてもらえなかった人、他人と比べるクセがついてしまっている人は、自己肯定感の低さに思い悩むことが多いです。**

私は、自己肯定感についてお話しするとき「これでいい。これがいい」という表現を使ってお伝えするようにしています。

自己肯定感を安定して高めるためには、「良いときも、そうでないときも、ありのままの自分でよい」「そのままの自分でよい」と受け止めることです。

自己肯定感が低いと、「失敗するのではないか」と、チャレンジすることに尻込みしがちです。恋愛など人間関係においては、せっかく出会いがあっても「こんな自分でいいのかな」「うまくいかないのではないか」「本性がバレたら嫌われる」と、ありのままの姿を表現できないことがあります。

一方、自己肯定感が高い人は、自分の良いところもそうでないところも受け入れているので、自分の短所も気に留めず自己表現することで、人間関係もうまくいくことが多いです。**自己肯定感を高めるためには、失敗も優しく受け入れること、他人と比較しないこと、ちょっとしたささいなこともほめることが大切なんです。**

「これが自分。これでいい。これがいい」と声に出して唱えてみてくださいね。

どんな自分も受け入れるって、なかなか難しいですよね。でも、自分の短所を受け入れられれば、相手に対しても寛容になれるはずです。

5章

“穏やかフルネス”で自分軸を整えよう

五感を使って今この瞬間に集中することが大切です。
あなたを脅かす不安や怒りは、葉っぱに乗せて川に流しましょう。
自分軸を整え、目の前の“今あるもの”に目を向けることで、
穏やかで満たされた心を手に入れることができます。

ここは
穏やかフルネスの川
ぼー
川のせせらぎに
耳をすませ
サラサラ…
サラサラ…
目を閉じて
風を感じて
ソヨ
ソヨ
スヤァ…
ZZZ
ZZZ
ここでは
ゆっくり休んで
心と体を
整えていくよ

心のコンパスを手に入れる

メソッド 54

〝穏やか〟で〝満たされた〟感覚を手に入れる

“今あるもの”に目を向けてみましょう。隣に誰かいるだけで幸せな気持ちになりませんか？これこそが“穏やかフルネス”の感覚です。

人生晴れたり曇ったり。毎日、ハッピーで最高の気分、というわけにはいかないものです。ときには嵐がおとずれることもあるでしょう。過去に苦しみ、相手に失望することがあるかもしれません。それでも、人生は続きます。

ものごとはかわらなくても、自分のとらえ方をかえると、自分の人生を穏やかで満たされたものにかえることができます。

考え方をかえると、感情が整う。考え方をかえると、行動もかわる。行動がかわると、結果がかわり、意欲が生まれ、好循環が生まれる。

「ない」ものに目を向けると苦しくなりますが、今できていること、既に「ある」もの、自分の正直な感覚に目を向けると、心が落ち着きます。

人生いろいろあるけれど、私たちは今日も何とか生きています。それだけで、もうハナマル。やわらかな陽だまりのなかでお茶を飲むだけで、幸せ。星空がまたたいているのを見上げるだけで、幸せ。

特別ハッピーなことが起きなくたって、何気ない日常に幸せを感じ、日々を穏やかにすごせます。

ふと気がつけば、こんなにたくさんの幸せに囲まれて生きている、この感覚を私は〝穏やかフルネス〟と呼んでいます。

メソッド 55

生活や体が整うと、心も整う

臨床心理士としてカウンセリングを続けてきて気がついたこと——。

それは、**生活や体を整えることが、心を整えることにつながるということです**。

朝起きられない、頭痛や肩こりから吐き気がする、やる気が出ない、という人は、睡眠や栄養が足りていないことがよくあります。心を整えるためには、まず土台となる体を整える必要があります。これを私は〝生活セルフケア〟と呼んでいます。

心が不調だな、と感じたら、まずは生活を見直すことをおすすめします。睡眠時間を8時間とるように改善したら、生活リズムが整い、出勤、登校できるようになった、という人もいます。

また、食事にも配慮が必要です。詳しい説明は後ほどすることにしましょう。

ウォーキングやストレッチなどの運動を習慣づけることも大切です。そのほか、お風呂にゆっくり浸かる、眠れなくても早めに布団に入るなど、生活を整えることで体が整うと、次第に心も整うようになりますよ。

心のコンパスを手に入れる

メソッド 56

1日10分、呼吸に集中する

心がソワソワ、せかせか、落ち着かなくなったら、呼吸に集中しましょう。**立ったままでもいいし、歩きながらでもかまいません。鼻の先で空気が出たり入ったりする様子を観察してみましょう。これをマインドフルネス瞑想といいます**。

呼吸は、体中をめぐって、また、体の外に出ていきます。息を吸うと、胸が上がり、息を吐くと下がります。また、あばらの骨が開いたりしぼんだりします。おへその下に注目すると、お腹が風船のように、膨らんだりしぼんだりします。

仰向けに寝転がって呼吸すると、息をするたびに、背中がマットレスに押し当てられたり、かすかに浮いたりする様子を味わうことができるかもしれません。

このように意識を集中すると、今の自分はリズムを刻みながら体全体で呼吸をしているということに気がつきます。

1日10分でかまいません。こんなふうに呼吸に集中してみてください。日々、続けるうちに、頭がスッキリと静かに、穏やかになるのを感じるでしょう。

メソッド
57

朝ごはんを食べて幸せホルモンをゲットする

気分が落ち込みやすい、不安、イライラが気になる、そんなあなたは、セロトニンが足りていない可能性があります。セロトニンは、脳内の神経伝達物質のひとつで、心を安定させる働きをもっています。そのため「幸せホルモン」とも呼ばれています。

セロトニンは、日中、太陽の光を浴びることによって、体内でつくり出されます。ただし、そのためには、セロトニンのもとになるトリプトファンという必須アミノ酸を食事からとる必要があるのです。トリプトファンは、乳製品、大豆製品、赤身肉、バナナ、ナッツ類などに豊富に含まれています。

生活が乱れて、おにぎりやパンばかり食べていると、セロトニンが不足し、不安や抑うつ気分が強くなるともいわれています。**バランスを考えて朝食をとるようになると、気持ちが前向きになり、スッと行動できるようになったという人も少なくありません。朝食は、空腹感を満たすだけでなく、幸せホルモンのもとを体に取り入れるという意識でしっかりとってくださいね**。私も毎日朝食時にナッツを食べていますよ。

心のコンパスを手に入れる

メソッド 58

太陽の光で体内時計をリセットする

不眠が続くとイライラして、集中力がなくなり、やる気がなくなります。頭痛や吐き気を感じる人もいます。また、不眠は美容の大敵でもあります。

夜、なかなか寝つけず夜ふかしをして、朝がつらくなる、そんな悪循環に陥っていませんか。では、自然な眠気を起こすためには、どうすればいいのでしょうか。

解決のカギは、太陽の光。太陽の光を浴びると体内時計をリセットできますよ。

朝、太陽の光を視神経から取り込むと、睡眠ホルモンであるメラトニンの分泌がストップします。そして、幸せホルモンといわれるセロトニンが分泌されます。

朝8時に太陽の光を浴びると、その時点で体内時計はリセット。そこから15時間後に、「睡眠タイマー」がセットされ、23時になると自動的にメラトニンが分泌され眠くなる、という仕掛けです。実はこのメラトニンは、日中に生成したセロトニンが変化してできたもの。日中にセロトニンを多く生成し、メラトニンを夜に分泌させるためにも、朝はしっかり太陽の光を浴びたいですね。

心のコンパスを手に入れる

メソッド 59

五感をフルに使って実感する

お魚の焼けるにおい……お腹がグーと鳴る音……
鳥が遠くでチュンチュン鳴いている……「あぁ、
尊いにゃ〜」

慌ただしい毎日の中でも、日常生活を穏やかにすごす方法があります。それは、「五感をフルに使ってすごすこと」です。

目で見る、耳で聞く、鼻でかぐ、口で味わう、触って感じる、これが五感です。

ただ座って、耳をすますと、遠くから子どもの声が聞こえてきます。鳥や虫の声が聞こえるかもしれませんし、ご近所さんがゴミ出しをする音が聞こえるかもしれません。ただ、座っているだけなのに、世界は動いているのだな、世の中の人々は生活しているのだな、何だか尊いな、と感じるかもしれません。

街を歩き、空を見上げると、おもしろい形の雲が見え、どこからともなく美味しそうな夕餉《げ》の香りがただよってきます。遊覧船の汽笛、雨や風の音。聞こえてくる音は、外からだけとは限りません。お腹がグーッと鳴る音、ゴクリと飲み込む音。季節はめぐり、時間は流れ、お腹は鳴るんだ、生きているんだ、と感じます。

私が一番安心する香りはインコのにおい。ちょっとくさくて懐《なつ》かしいような、ほっとするにおい。手のひらに乗せてエサを食べさせると、インコの足から体温のあたたかみが伝わって「生きているんだなぁ」としみじみ感じます。

そのとき、そのときの、心の動きによってとらえ方が異なり、とても不思議。

目の前の光景を一つひとつ確かめるように味わうと何気ない日常が輝いてきます。

心のコンパスを手に入れる

メソッド
60

けんちん汁を集中して食べる

食事は、幸せを実感できる素晴らしい時間です。温度、色、形、歯ごたえ、味、それぞれを感じとることが、幸せを感じる“気づき”につながっています。

スマホを見ながら食事をしていませんか。食事はしたけれど、何のおかずを食べたのか、どんな味だったのか、よく覚えていない、ということはありませんか。

手にはお箸《はし》をもち、口はモグモグ動かしてはいるものの、心はどこか別の場所へとさまよう自分に気がついたら、「今、この瞬間」に心を戻し、食べることに集中してみましょう。これを〝マインドフルネスイーティング〟といいます。

私は、けんちん汁が大好きです。良い香りの湯気が顔を優しく包み、お椀《わん》のぬくもりが手に伝わります。ニンジンの色が目に鮮やかで、ネギの緑色が食欲をそそります。目で見て、においをかいで、口に入れて噛みます。

ニンジンを噛んだときのやわらかくほっとする感触、さらに、優しい大地の香りが鼻に抜けます。こんにゃくは、歯に当たる弾力を楽しみます。

ダシがよくしみ込んだ大根は、ひと噛みごとにうま味がじわっと口の中に広がります。さらに、ズズズ……と汁をすする音に集中し、ゴクリと汁を飲み込むと、食道を通って胃の中に落ちていく感覚、胃にしみわたるあたたかさ、体全体に広がる幸せ。

けんちん汁を食べるだけで、こんなに幸せを味わうことができます。ひと口食べることに集中すると様々な気づきが得られます。ふた口めは、ひと口めとは、また違った味わいが感じられるのでおもしろいですよ。

心のコンパスを手に入れる

メソッド
61

「雨雲」が通りすぎるのを待つ

モヤモヤしたら、「雨雲さんがきたね」「そうだね」と眺めましょうね。大丈夫、やがて晴れますよ。

嫌なことがあったとき、誰かのせいにして思い出し怒りをしていませんか。嫌なことを頭の中でくり返し、いつまでもモヤモヤした気持ちを引きずっていませんか。

嫌なこと、モヤモヤした感情を、雨雲にたとえてみましょう。

まっくろで、どんよりした雨雲に頭を突っ込むと、ジメジメ、ジットリとした気分になってしまいます。嫌なことを引きずる人は、雨雲を探して、わざわざ頭を突っ込みに行く傾向があります。他人のことはどうしようもなく、かえられない。過去にやらかしてしまったことも、すぎてしまったことだからしょうがない。そう思って、雨雲がすぎ去っていくのを、ただそこにいて眺めていればいいのです。ところが、わざわざ雨雲をつかまえて引っ張り戻し、ジットリ、モヤモヤしてしまうのです。

人生も、心も、お天気と同じ。嵐の日もあれば、曇りの日もあります。

雨雲の中に巻き込まれると、傷ついたり、絶望したりしますが、やがて雨雲は通りすぎていきます。**雨雲を無理矢理消そうとしたり、追いやったりしなくてもいいのです。ただ、モヤモヤした感情をそのまま置いておくこと。雲の動きを眺めていると、雲の隙間に青空を見つけることもできるでしょう。**

嫌な記憶や感情は、「雨雲さんがきた」と受け止めましょう。大丈夫。雨雲は、やがてあなたのもとをすぎ去っていきますよ。

メソッド 62

自分で自分をジャッジしない

人生晴れたり曇ったり。ときには大嵐になることもあります。

仕事がうまくできた！　と達成感を味わう日もあれば、先輩から注意をされたり、ミスをして迷惑をかけてしまったりすることもあるでしょう。「やっぱり自分は能力がない」「こんな自分、いない方がマシだ」と自己否定するかもしれません。

子育てでもありますね。子どものかわいい仕草を見て幸せだと感じる瞬間があったかと思うと、駄々をこねられてイライラさせられる日もあるでしょう。そんな自分のことを「母親失格だ」「こんなはずじゃなかった」と悲観するかもしれません。

でもよく考えてみてください。**ものごとが起きたときに、「良い」とか「悪い」とか意味づけしているのは、誰でもない自分自身ではないでしょうか。**

実際には、ものごとに「良い」も「悪い」もないのです。仕事でミスしたとしても「得意先に間違った情報を伝えてしまった」という事実があるだけ。その事実を「最悪だ」とか「自分には能力がない」とか、批判、価値判断、評価しているのは、まぎれもなく自分自身なのです。

人生における様々なできごとに、「良い」とか「悪い」とか「正しい」とか「間違っている」とジャッジしている自分に、まず気がつきましょう。そして、良いことも、そうでないことも、すべて、単なる事実として受け入れるようにしましょう。

わわ…
ステーン
バシャー
ホッ
「こぼした」という事実を受け止め粛々と片づけるにょら

“こぼした”→“次は気をつけよう”。これでいいのです。誰でもないあなたが自分自身を勝手にジャッジして鉄槌《てっつい》を下していませんか？

メソッド
63

不安や怒りは、葉っぱに乗せて川に流す

不安や悲しみ、怒りの感情がむくむくとわき上がってきたら、自分を見失う前に手放しましょう。葉っぱの上に感情を乗せて、川に流すイメージがいいですね。

「どうしよう」「大変だ」「取り返しがつかなくなる」と不安でいっぱいになると、グルグルと不安の渦に巻き込まれてしまいます。そう。まるで、川の流れに巻き込まれた木の葉のように。

「どうして自分がこんな目にあわなければいけないんだ」「絶対に許さない」。怒りにのみ込まれた状態も同じです。「悲しみに溺れる」「怒りで我を忘れる」など、感情に埋没する状態を表現する言葉は、たくさんありますね。

あなたは、小さな葉っぱのように、感情の濁流《だくりゅう》にのみ込まれ、クルクルと巻き込まれます。**感情の渦に巻き込まれると、客観的な判断ができなくなりますし、自分が何に対して不安なのか、怒っているのか、悲しいのかもよくわからず、自分を見失ってしまいます**。

そんなときは、土手に立って安全な場所から川の流れを眺めてほしいのです。先ほどの葉っぱがクルクルと渦に巻き込まれ、岩にぶつかり、裏返り、沈み込み、また浮き上がりながら下流へと流れていく様子を、ただただ眺めるのです。

川を流れる木の葉を見るように自分の感情を観察すると、「こんなに激しくもまれているんだ」「こんなに不安に感じているんだな」と様々な感じ方に気づくことでしょう。

心のコンパスを手に入れる

メソッド 64

"今あるもの"に目を向ける

"あれがない""これも足りない"と、「ない」ものばかりに目が向いていると、人生は満たされませんよ。

あなたは、今の自分の人生に満足していますか。もっとこうなったら自分は幸せになれるのに、とか、こんなはずじゃなかった、と自分の運命を嘆いていませんか。

人生の不全感、不足感を感じる人は、「ない」ものに目がいきがちです。「自分はこれができない」「環境が悪い」「周りの人の理解が得られない」など、「できない」こと「ない」ことばかりに目を向けていると、だんだん苦しくなり、気力をなくしてしまいます。そして、自分の人生が満たされないものになってしまうのです。

確かに、人生のなかには、自分の意志ではどうにもならないことがあるものです。けれども、〝今あるもの〟に目を向けると、自分のがんばってきたことや、自分の築いてきたものが見えてきます。大変な環境のなか、生き抜いてきた力は、確かに自分のなかに備わっていますし、思考力や想像力は、確実に自分の人生を支えていることに気づくでしょう。

「ない」ものに目を向けると自分という存在や人生が満たされないものに感じられますが、「ある」ものに目を向けると、自分を否定してがんばらなくても、もう既に自分が満たされた存在であることに気づきます。

さぁ、ぐるりと周りを見渡してみてください。そして、静かに目を閉じて、心の声に耳をすませてみてください。あなたの周りに「ある」ものは何ですか。

心のコンパスを手に入れる

メソッド 65

大切なことは〝過程〟にある

結果や評価にばかりとらわれていませんか？
失敗も体験のひとつ。すべてを引っくるめて成長していくものですよ。

「よくがんばったね、と自分をほめましょう」と伝えると、「結果、失敗したのだから、意味ないじゃないですか」「むしろ、何もしない方がよかった」という人がいます。こういう人は、「結果」や「評価」が自分の価値だととらえている人です。

それでは、成功した人は、一度も失敗したことがないのでしょうか。決してそんなことはないはずです。成功した人は、「成功するまでやめなかった人」、ただそれだけです。途中、たくさん失敗しているかもしれませんし、誰からも評価してもらえなかったかもしれません。それでもやり続けた、というところに成功の秘訣があります。

今いる地点から、ある場所まで旅をするとしましょう。旅の思い出は、その道中にあります。ある地点にたどり着くことに意味があるのではなく、そこにたどり着くまでに、様々なことが起こり、感じ、ときには傷ついたり自信をなくしたりしながら、立ち止まり、引き返し、いろんなことを学び、経験し、景色をその目で見ることに意味があります。

人生も同じです。「結果」や「評価」が、イコールあなたの価値なのではありませんよ。社会の評価は、便宜《べんぎ》的なものであって、それがすべてではありません。**大切なことは、過程にあります**。失敗も含めて、その過程で何を体験し、何を学び、そこからどう成長したか、あるいはこれからどう成長するかを大切にしてくださいね。

心のコンパスを手に入れる

メソッド
66

汗をかいてスッキリする

汗をかくと、体だけでなく心にも良い影響があります。筋トレの良さは、成果が目に見えること。自分をしっかりほめてあげられますね。

やる気が出ない、何だかイライラするなど、鬱々《うつうつ》とする人は、汗をかくとスッキリしますよ。

汗には、体にたまった毒素や老廃物を外に排出してくれる役割があります。老廃物を出すと、体はミネラルを吸収しやすくなったり、免疫力アップにもつながります。

何ごとも、出すのが先、入ってくるのはあと、です。呼吸もしかり。息を吐き出すと、吸おうと思わなくても自然と空気が入ってきますものね。

ほかにも、汗をかくと体に良いことがたくさんあります。

血行が促進され、体のコリがほぐれることでリフレッシュ効果が得られます。また、幸せホルモンのセロトニンが分泌されるので、心もスッキリ。リラックス効果、気分転換にもつながります。副交感神経が優位に働き、ストレス解消にも効果的ですよ。

サウナを楽しむ人は、汗をかく効果を実感しているはずです。

筋トレもおすすめです。筋肉を鍛えると血行が促進され、セロトニンのほか、エンドルフィンやドーパミンなどの幸せホルモンが分泌されます。気分が高揚し、やる気アップが期待できます。目に見えて筋肉量を確認できるので、自己肯定感につながります。

メソッド
67

7つのセルフケアでうまくいく

何気ない日常に幸せを感じ、日々を穏やかにすごす感覚を〝穏やかフルネス〟と呼びますが、その感覚を味わうには、心と体のバランスを整えることが大切です。

体が疲れていては、いくら心を整えようと思っても、だるくてやる気が出ないものです。体を整えるために、特に大切なものは〝睡眠〟です。

日本人は、本当に睡眠時間が足りていません。幼児期の子どもたちにすら夜更かし習慣が蔓延《まんえん》しています。幸せホルモンのセロトニンを分泌させるためにも、とにかく寝ること。できれば8時間は寝たいものです。私も平日は睡眠時間の確保が難しいのですが、休日はしっかり眠ることを心がけていますし、平日のちょっとした隙間時間でも目を閉じて瞑想するようにしています。脳が疲れていると、考え方も堂々めぐりでグルグル思考になってしまいますからね。

質の良い睡眠、自然な入眠をうながすために大切にしているのは、〝お風呂〟。シャワーで済ませてしまう人は、ぜひ、湯船に浸かって体の芯まであたたまってください。

お風呂上がりに徐々に体温が下がってくるタイミングで眠気はやってきます。就寝時間の1時間半から2時間前にお風呂に入ることをおすすめします。体をあたためるって、とても大事。特に夏場の冷房は要注意ですよ。

食事は、栄養のあるものをバランス良く。毎日同じ食材ばかりを食べていると、体のバランスが偏ってしまうので、四季折々の食材を使ったものをとるようにしましょう。くれぐれもおやつやパンだけで済まさないようにしてくださいね。

リズミカルな運動は、セロトニンの分泌をうながします。ウォーキングをする、階段を使うなど、がんばらなくてもできる運動を生活の中に取り入れましょう。自分の体をいたわりながらストレッチをしたり、マッサージしたりするのもいいですね。

こうして、体と生活リズムを整えたら、目の前のことに集中します。私たちの心は、自分をジャッジしたり他人を批判したり、常にさまよっています。自分を苦しめる考えが浮かんできても、あわてず騒がず、ただ、そのまま置いておいて、目の前のことを丁寧に集中して観察しましょう。

①睡眠、②入浴、③食事、④運動によるケア、さらに⑤今この瞬間に集中すること、⑥「ある」ものに目を向けること、そして⑦毎日自分をほめること。この7つのセルフケアを続けると、〝穏やかフルネス〟な日々をすごせるようになりますよ。

6章

スキーマ療法で“生きづらさの洞窟”から脱出する

あなたの考え方のクセを生み出し、あなたを苦しめているのが“スキーマ”です。スキーマは心の奥底に根づいています。生きづらさの洞窟から抜け出し、「大丈夫な自分」をゆっくり育てていきましょう。

な、何ここ？
ここはスキーマの洞窟
過去の経験や記憶が渦巻くところ例えば過去に言われて傷ついたこと……
どうせまた失敗するんだからじっとしてなさい
どうせ失敗する……
どうせ失敗するんだ
じっとしていれば傷つかない
何もしない方がいい
そんなことないよ過去にとらわれないで
大丈夫、出口は必ずあるよ

心のコンパスを手に入れる

メソッド 68

〝生きづらさ〟に寄り添う「スキーマ療法」

のら猫は、近づく人をなぜ威嚇《いかく》するのでしょうか？　そこには、「油断するとつかまる」「信用すると痛い目にあう」、そんなスキーマがあるのかもしれませんね。

3章の〝認知の里〟に立ち寄ったときのことを思い出してみてください。そこでは自分の〝考え方のクセ〟を見つけましたね。

自分の考え方のクセを書き出していると、やがて、自分が陥りやすい認知の「パターン」に気づくようになります。「何をやってもムダ」「どうせできない」「迷惑をかけたらダメ」「自己主張したら嫌われる」「誰からも愛されない」「楽しんではいけない」など、同じような認知パターンにはまっているのです。

「自分はダメだ」「不器用だから何もできない」というように『自分はこんな人間だ』と信じていたり、「人は信用できない」「他人に利用される」など『他人はこういうものだ』と思い込んでいたり、「良いことがあれば悪いことが起きる」「油断すると不幸になる」といった『人生観・価値観』をもっていたりします。このように、私たちの認知パターンは多岐にわたります。

こうした考え方のクセのもとになる認知パターンを「スキーマ」といいます。「スキーマ」は誰にでもあります。私にもあります。自分の心の奥底に当たり前のようにしみ込んでいるので知らず知らずのうちにつぶやいていることも多い「スキーマ」。この「スキーマ」に気がつくと、いかに自分の考えが自分を苦しめていたかがわかりますよ。「生きづらさ」の本質、そこに寄り添う「スキーマ療法」にせまっていきましょう。

心のコンパスを手に入れる

メソッド 69

小さな自分に居場所をつくる

心の中に、不安を抱えた小さな自分がいる……
そんな小さな自分に安心できる居場所を与えられるのは、大人になったあなただけです。

子どもの頃、さびしくて、悲しくて怖くて、誰にも頼れなかった――。**大人になった今でも子どもの頃の自分が心の中にいて、不安や自信のなさが続いている、という人は少なくありません**。そんなときは、〝小さな自分〟に会いに行きましょう。心の中で小さなあなたは泣いていませんか。部屋の片隅でおびえていませんか。そんな小さな自分のために安心できるお部屋をつくってあげましょう。

私の場合は、心の中にいる小さな自分のためにピンクベージュのカーペットのお部屋をプレゼントしました。小さな丸テーブルとおままごとセットを置いて、室内用ブランコもあります。小さな私は、安心しておやつを食べたり、遊んだりします。

ひとりでさびしそうなら、おしゃべりできるぬいぐるみやわんちゃん、ねこちゃんを用意してあげるのもいいですね。想像の世界なのでアレンジは自由。**自分の心の中に安心できる居場所をつくってあげてください**。

想像の中の小さな自分だけでなく、今の自分にも安心できる居場所をつくります。ベッドの上にクッションを置いて抱きしめたり、ふわふわのフリースで身を包んだり、あたたかいココアをいれたりしてもいいですね。私は、お布団を干したベランダでぼーっとおひさまに当たったり、湯船に浸かるひとときを大切にしています。あなたがほっとできる居場所はどんなところでしょうか。

メソッド 70

安心安全なイメージを用意する

あなたは「安心できるイメージ」と聞くとどんなものを思い浮かべますか。祖母の手、わんちゃんのぬくもり、オムライス、お気に入りのワンピース。思い浮かべていくと、ありのままの自分を受け入れてもらえた感覚、ほっとした懐かしい感じへとたどり着くのではないでしょうか。

例えば、私は、鶏そぼろ弁当が大好きです。鶏そぼろ、イコール安心、美味しいというイメージです。鶏そぼろ弁当には、田植えの思い出が結びついています。田んぼ横の納屋《なや》で、祖母のつくったお弁当を柴犬を含めた家族みんなで一緒に食べるのです。おおらかで楽しい気分がよみがえります。

子どもの頃の思い出につらく苦しい記憶が多い人は、大人になってから感じた安心できるイメージがいいですね。フェイシャルパック、カフェオレ、マッサージ、ねこちゃんとの癒しの時間。**ほっとできる安心安全なイメージは、ささやかなものでOK。ひとつではなく、いくつかもっておくといいですよ。**

心のコンパスを手に入れる

メソッド 71

安心できる香りも助けになる

アロマやキャンドルなど「香り」でリラックスする人は多いです。キャンドルの炎は眺めているだけで落ち着くから不思議です。また、アロマホットタオルもおすすめ。洗面器にお湯を張り、アロマオイルを垂らしてタオルを浸し、袋に入れ電子レンジでチン！　アチチと言いながら適温を確かめ、まぶたに載せると幸せ気分を味わえます。

香りと言えば、私はキンモクセイ。小学生の運動会の思い出と重なるのです。おにぎり、から揚げ、早生《わせ》みかん、キンモクセイの香り。これらがセットになって記憶と結びついています。あなたの安心できる香りには、どんなものがありますか。

安心できるものがぱっと浮かばない人は、好きなもの、日常の何気ない場面に目を向けるようにしましょう。本を読むひととき、コーヒーの香りなど、子どもの頃の思い出と結びつかなくても、大人になってからのことでもよいのです。爪切りのパチンという音が心地よい、焼きたてのパンの香りがほっとするなど、何気ない瞬間を探してみてくださいね。

心のコンパスを手に入れる

メソッド 72

傷ついた小さな自分を受け入れる

小さな自分の傷を癒せるのはあなただけです。抱きしめて受け入れてあげましょう。小さな自分が安心すると、あなた自身も安らぎを感じるでしょう。

心の傷は誰にでもあるもの。小さかった子どもの頃に、傷つけられ、怖い思いをした体験があるならなおのことです。傷ついた心は自分を守ろうと過敏に反応し、大人になった今でも、不安や緊張を呼び起こすことがあります。

不安や緊張を追い出そうとするよりも、小さかった頃の自分を優しく受け入れてあげると不思議と不安も落ち着いてくれることがあります。

少し落ち着いたところで目を閉じてみましょう。自分が小さかった頃を思い出してみます。

小さいあなたはどこにいますか。近くに誰がいますか。何をしているところでしょうか。もしかしたら泣いているかもしれません。怖くて部屋の隅にうずくまっているかもしれません。大人になった今のあなたが、イメージのなかで小さな頃のあなたに寄り添います。

あのとき、本当は言ってほしかった言葉、してほしかったことをあなたはよく知っているはずです。

大人になったあなたが、小さな頃の自分に話しかけてあげます。安全な場所へ移動して一緒に遊んであげてもいいですし、おやつを食べさせてあげてもいいでしょう。布団の中で小さな自分が眠るまで子守唄を歌ってあげてもいいですね。

心のコンパスを手に入れる

メソッド 73

心に根づいたスキーマを見つけよう

コラー！
ドロボーネコ！
シッ シッ
どうせ
オイラは
嫌われてる
にょさ

今までのいろいろな経験から、「自分は愛されない」「嫌われている」といったスキーマが根づいているのかもしれませんね。

私たちは、ここまで〝心の地図〟を広げ様々な旅をしてきました。考え方のクセを検証しているうちに、あなたはいつも同じパターンで悩んでいることに気づいたのではないでしょうか。場面やできごとによって、パッと頭に浮かぶ考えはときによって異なるかもしれません。しかし深掘りしていくと、根っこでは、同じ考えにつながっているものなのです。

それは、「自分は嫌われる」「愛されない」といった自己イメージや、「人は信用できない」「バカにされてはいけない」といった人生観、価値観につながっています。つまりスキーマにつながっているのです。スキーマはあなたの成育歴と深く関係しています。幼い頃、大人に言われた「お前はだらしがない」「何をやってもダメだ」といった言葉があなたのスキーマ形成に関係しているかもしれません。あなたは、子どもの頃どんなことを言われて育ちましたか。どんな環境ですごしたでしょうか。

スキーマは、心の底に深く根づいているものなので、本人にとっては当たり前すぎて、なかなか気づかないものです。「自分は本当にグズだと思っていた」「だって不器用だから本当にグズなんです」というように、信じて疑わない人もいます。

スキーマは、その人の一部となってしみついている信念のようなもの。見つけたら「よく見つけられたね」とほめてあげましょうね。

メソッド
74

スキーマモードに名前をつける

あなたが不安や落ち込みを感じるとき、いつも頭の中でつぶやいている「お決まりの言葉」にはどんなものがあるでしょうか。

「自分なんかいない方がいい」「調子に乗ったら失敗する」。そんな言葉をつぶやき、どん底に落ち込んでいませんか。**スキーマに心を覆いつくされて、それ以外の考えが浮かばない状態を「スキーマモード」と呼びます**。

スキーマは自分でも気がつかないうちに心に浸透していくので、まずはスキーマモードに陥っていることに気づくことからはじめましょう。

その第一歩として、自分のスキーマに名前をつけてみるといいでしょう。難しくありません。あなたの心の中の口ぐせを採用すればいいのです。

「目立つと嫌われるモード」「存在自体が迷惑モード」「幸せになったら不幸になるモード」など、思い浮かんだ言葉で名前をつけてみます。そうすると、スキーマモードに陥っているときに、「あ、今、◯◯モードに陥ってるな」と気づきやすくなります。

心のコンパスを手に入れる

メソッド 75

大丈夫、あなたは悪くない

幼い頃につらい思いをした人は、感情にフタをして自分を守ることがあります。自分でも自分の感情がよくわからない、という人もいます。

自分が何をしたいのか、何を嫌がっているのか、そもそもよくわからないのです。相手を怒らせないように、自分が傷つかないように、相手の望むことを言ったり、相手を喜ばせるために感情表現をするクセがついています。

そんな人に言ってあげたいのです。「そうなったのは、あなたのせいじゃないよ」と。あなたは、ただ危険を回避して自分の身を守ってきただけです。今、自分が何をしたいのか、何が好きなのか、どうしたいのか、ゆっくり探していけばいい。**一つひとつ、日常生活の中で、自分に問いかけながら自分の感情を探していきましょう**。

自分のせいだ、自分が悪い、どうしていいかわからない、と落ち込むクセのある人は、「大丈夫だよ。あなたは悪くない。ゆっくりでいいからね」と自分自身に声をかけてあげるといいですよ。

メソッド 76

スキーママップをつくってみよう

お決まりのフレーズや行動パターンがあなたを嫌な気持ちにさせ、生きづらくさせます。そんなときは、「スキーママップ」を書いてみましょう。

例えば、「誰も私の苦しみに気づいてくれない」と嫌な気持ちを書き出してみます。そうしたら、そのスキーマに名前をつけます。「わかってくれないスキーマ」というように。同様に、ほかに頭をよぎる嫌な感覚があれば書き出し、そのスキーマに名前をつけましょう。

さらに、それらのスキーマが自分の行動にどんな影響を与えているかを考えます。結果的に現れる行動パターンを「引きこもり」や「人を回避する」「断る理由をつくる」などと書き出すといいでしょう。

心の奥にしみついている「生きづらさのもと」となるスキーマが、どのようにあなたの人生に影響を与えているか、書き出してみると一目瞭然。スキーママップを眺めることで、これまで**自分を苦しめていたスキーマの全体像を理解することができます**。

スキーママップで生きづらさのもとを見つけよう

嫌な気持ち（陥りがちなパターン）

誰も私の苦しみに
気づいてくれない

私はみんなに
嫌われているの
ではないか

週末のイベントにも
どうせ誘って
もらえないだろう

↓

心の奥にあるスキーマ

（嫌われる）スキーマ　（わかってくれない）スキーマ　（ひとりぼっち）スキーマ

**スキーマがあなたを生きづらくさせ、
あなたの行動パターンに影響を与えている!**

↓

その結果、現れる行動パターン

家に引きこもる

断る理由をつくる

人を回避する

二次元コードを読み取ると、書き込み用の
「スキーママップ」がダウンロードできます。

メソッド77

心の中に応援団を

様々な相談を受けていると、自分を責めて自分を苦しめている人の何と多いことか と、驚かされます。「何でそんなこともできないんだ」「もっとしっかりやらないとダメじゃないか」「誰かに悪口を言われているかもしれないよ」などと自分を責め立てたり、自分を怖がらせ、落ち込ませたりしている人がたくさんいます。

「最悪なことが起きるかもしれない」「何をやっても結局うまくいかない」「はじめから何もやらなければよかった」「誰にもわかってもらえない」「言うだけムダ」

こんなふうに自分を追いつめているなら、心の中に応援団をつくりましょう。

心の中の応援団は、あなたが不安になったとき「大丈夫だよ、やるだけやってみよう」「ナイスチャレンジ。それでいいよ」と応援してくれます。あなたが落ち込んだときは「怖かったよね。私たちがいるから大丈夫だよ」と寄り添ってくれます。イライラしたときも「気にしなくていいよ。あなたはよくやっているよ」と認めてくれます。苦しくなったときは、心の中の応援団を思い浮かべてみてくださいね。

心のコンパスを手に入れる

メソッド 78

ぬいぐるみに話してみよう

ひとりでやりきれないとき、イライラがおさまらないとき、声に出して自分の気持ちを話してみてください。

「ひとりごとを言うのが何だか恥ずかしい」という人はぬいぐるみに向かって語りかけてみましょう。

「聞いて、あの人ひどいと思わない？　一生懸命がんばったのに、あんな言い方しなくてもいいよね。腹が立つわ」と素直な気持ちを話してみましょう。ぬいぐるみは、あなたをじっと見つめて話を聞いてくれるはずです。

ときには「大丈夫だよ。君ががんばっていることは、ボクがちゃんと見てるからね」と優しい言葉を投げかけてくれるかもしれません。

ペットを飼っている人は、わんちゃんやねこちゃんに語りかけてもいいですね。

自分で自分に優しい言葉をかけることに抵抗がある人は、自分のことを大事にすることに慣れていない人が多いようです。**自分に優しい言葉をかけられなくても、ぬい**

ぐるみやペットとのおしゃべりならば、自然と自分のなかから優しい言葉が浮かんでくるはずです。ぬいぐるみやペットをうまく味方につけて、自分を大切にする練習をするといいですね。

あなたの気持ちを黙って受け止めてくれるのはぬいぐるみ？　それともわんちゃん？　ねこちゃん？　恥ずかしくありませんよ。相手はあなたのことが大好きなんですから。

心のコンパスを手に入れる

メソッド 79

安心安全な自分を育てていく

「失敗したら終わりだ。みんなの前で恥をかくことになる」「嫌われるに決まってる。ひとりぼっちになって当然」「どうせやっても無理。意味がない」。どれも厳しい言葉ですよね。自分にこんな言葉をかけていたら、そりゃ苦しくなるのも当然です。

自分を苦しめてきたスキーマモードに気がついたら、そんな自分を優しくいたわる言葉をかけてあげましょう。そして、少しずつでいいので「安心安全モード」の自分を新たに育てていくことをイメージします。

自分を痛めつけて苦しめる言葉よりも、自分を優しく受け入れる言葉の方がいい。そんなことは頭でわかってはいるけれど、ポジティブな言葉がしっくりこないという人は、「自分の言葉」としてではなく、メソッド80で紹介する「お守りキャラクターからの言葉」として安心安全な言葉を見つけていくといいですよ。お守りキャラクターからの言葉はいたわりに満ちたあたたかい言葉です。自分のなかに「安心安全モードの自分」を育てていく糧《かて》になります。

心のコンパスを手に入れる

メソッド 80

お守りキャラクターをつくろう

生きづらくなったら、自分を安心させる“言葉”が必要です。お守りと感じられるもの（お守りキャラクター）を身につけて、お守りから言葉をかけてもらいましょう。

「もしもあなたに優しくいたわりの言葉をかけてくれる人がいたとしたら、何と言ってくれるでしょうか」とたずねても、現実生活の中でそんな人は思い当たらない、ひとりもいない、という人は少なくありません。そんなときは、お守りキャラクターを設定するのがおすすめです。

いつもあなたのことを見守っていて、何があってもあなたの全面的な味方でいてくれる、そんなイメージのある存在を思い浮かべてください。小さな頃から苦しんできた、あなたのつらさやがんばりもわかってくれて、どんなときも応援してくれる、そんな存在です。

現実には存在しない架空の人物でもいいですし、お守りと感じられるものや神様や仏様をイメージしてもかまいません。あるいは憧れの芸能人や著名人を想像してもいいですよ。海や空など自然をお守りにする人もいます。

それまで「自分なんか存在する価値がない」「早くいなくなればいい」と言っていた人も、「さすがに神様や妖精はそんなこと言わないよね」「よくがんばってるね。えらいよ、と言ってくれるかな」と、気持ちがかわりはじめ、安心安全モードの言葉が浮かぶようになります。

心のコンパスを手に入れる

メソッド
81

何歳でも「安心安全モードの自分」はつくれる

「安心安全モードの自分」を育てるのに年齢制限はありません。何よりも“自分と向き合ってみよう”という気持ちが大切なんですよ。

カウンセリングをしていると「もっと早くカウンセリングを受けていればよかった」「この歳になってしまっては、さすがにもうかわれない。遅すぎますよね」と言う人がいます。いえいえ、そんなことはありませんよ！　何歳からでもあなたは「大丈夫な自分」になれます。

ゆっくり落ち着いて、これまでの人生を振り返ってみましょう。

生い立ち、環境、様々なできごとから、あなたはスキーマをつくり上げてきました。そのスキーマが今でも無意識に発動してあなたを苦しめ、生きづらくしています。

しかし、あなたが自分のスキーマに気づき、安心安全モードの自分をつくっていくならば、いくつになっても自分のなかに「大丈夫な自分」を育てることができます。

過去にどのようなことがあったかは、重要ではありません。確かに過去はかえられないですから、親を恨みたくもなるし、過去のできごとからなかなか逃れられないこともあるでしょう。しかし、**過去はかわらなくても過去をどうとらえるかはかえることができます。何年、何十年とその人生観、価値観で生きてきたとしても、あきらめることはありません。**

あなた自身が、あなたの一番の味方になってあげましょう。優しく、あたたかい安心安全モードの自分をつくり、それを育てていけば、「大丈夫な自分」になれるのです。

7章

“つながりの駅舎”で人とほど良くつながろう

「もう人と関わるのは嫌!」と思っている人もいるかもしれません。
でも、人はひとりぼっちでは幸せにはなれません。
深くつながらなくていいのです。ほど良い距離感で、
気持ちがラクになる人とのつながり方を身につけましょう。

つながり
STATION
わぁ にぎわってる
ガヤガヤ
人混み 怖いよう
ザワザワ
安心して！ 魔法をかけるよ
安心安全バリア〜
守られてるから大丈夫！ 自信をもってズンズン行こう！
ズンズン

心のコンパスを手に入れる

メソッド 82

ラベルをはがしてみよう

「この人はこんな人」と、勝手に決めつけてしまうクセはありませんか？　そのラベリングは間違っている可能性がありますよ。よく見てくださいね。

「大きな声の人は怖い」「あの人は若いから頼りにならない」「運動部出身だから根性があるはず」。あなたは、人をラベリングしていませんか。

根拠もなく一面だけで判断して、人やものごとをひとくくりの型に当てはめ意味づけることを「ラベリング」といいます。心理学用語では認知バイアスといいます。一度ラベリングすると、当てはめられた枠に関係する情報しか見えなくなり、たとえ相手が望ましい行動をしても、無意識のうちに情報を除外してしまう危険性があります。

当たり前のことですが、大きな声の人でも優しい人はいますし、若い人だって頼りになる人はいますよね。運動部出身だからといって根性があるとも限りません。けれども私たちは、無意識のうちに人をラベリングしてしまっているのです。

確かに「第一印象が大事」というのも一理あります。心理学では、初頭効果《しょとうこうか》といって、人の印象は出会って3秒で決まるともいわれています。しかし、人ってもっと奥行きがあるものですよね。生まれも育った環境も、考え方や好みも人それぞれ。ぱっと見ただけでは、その人を本当の意味で知ることはできないはずです。

「この人のことをもっと知りたいな」「私の知らない側面があるかもしれない」

相手に関心をもって、一度張りつけたラベルをはがしてみませんか。今まで気がつかなかった相手の一面を知ると、ちょっと見方がかわるかもしれませんよ。

心のコンパスを手に入れる

メソッド
83

カチンときたら〝セルフモニタリング〟をする

カチン！　とスイッチが入ったら……

カチンとくると、「ハァ!?」「何言ってんの?」と声を荒らげる人はいませんか。キンキン高い大きな声で、気が済むまで思いの丈《たけ》を早口でまくし立ててはいませんか。ぜーんぶ言い終わってから「しまった! 言わなくていいことまで言ってしまった! どうしよう」と反省したとしても〝あとの祭り〟。相手との関係を悪化させてしまい、後悔することは避けたいですよね。我を忘れて、思いつくままに感情を吐き出していると、人間関係を台無しにしてしまう危険性があります。

そんなときは自分で自身を観察する〝セルフモニタリング〟が有効ですよ。

頭に血が上る感じ。カチン! とスイッチが入る感じ。何だかソワソワ、イライラ落ち着かない感じ。**そんな体の感覚をセルフモニタリングして、自分の状態に気づきます**。

やばいぞ〝怒りぶちまけゾーン〟に突入する可能性大! と察知したら、危険を回避するためにゆっくりと息を吐き出してから、声のトーンを落として「……あのね」と話しだしましょう。

自分の話す言葉をしっかり聞いて、その言葉を頭の中で確かめながら、落ち着いて話すと相手に伝わりやすいですし、自分の感情もコントロールできますよ。

心のコンパスを手に入れる

メソッド 84

透明の膜で守られるイメージをもつ

透明の膜に入っているイメージをもちましょう。相手が感情という名の衝撃波を出してきても、これなら大丈夫ですね。

相手の怒りや不機嫌など負の感情に触れると疲れてしまう――相手の嫌な雰囲気を感じ取って「怖い」と感じ緊張する人は多いです。

もちろん人の感情に敏感なことは悪いことではありませんよ。平和を望み、争いごとが苦手なあなたは、穏やかで優しい人なのでしょう。

相手の負の感情をダイレクトに感じると、生身の心が傷ついて怖いと感じます。そんな人は傷つきやすい自分を守るために、鎧《よろい》を身にまとって相手から距離をとることもありますし、自分の周りに鉄壁を築いて、壁の中に引きこもることもあります。

そんなときは、自分がシャボン玉の中にいるところをイメージしてみましょう。シャボン玉だとちょっとはかなくて、パチンとはじけてしまいそうなので、もう少し弾力のある丈夫な透明の膜に包まれているイメージがいいですね。

つまり、相手からの感情の「圧」がきたとしても、直接影響を受けないように自分を弾力のある透明の膜で守るのです。

透明の膜に包まれていれば、あなたはきっと安心できるはずです。

相手の発する嫌なイライラした雰囲気を直接浴びることなく、透明の膜が「ぼよよん」と緩和してくれますよ。

心のコンパスを手に入れる

メソッド 85

苦手な人の幸せを願う

生きとし生けるすべてのものが
幸せでありますように

苦手な人を避けても、恨んでも、あなたの気持ちは晴れないでしょう。慈悲《じひ》の瞑想を行うと、“苦手意識”から解放されて、気持ちがラクになるかもしれませんよ。

どうしても好きになれない苦手な人がいる、なぜかウマが合わず相手から嫌われていると感じる——そんなことはありませんか。

そういう人のことを考えると、モヤモヤして気が重くなるものです。では、そんなとき、どんなふうにとらえたら気持ちがラクになるのでしょうか。

こんなときにピッタリの「慈悲《じひ》の瞑想」をご紹介します。

慈悲の瞑想は、

「私が幸せでありますように」
「私の大切な人が幸せでありますように」
「私の苦手な人が幸せでありますように」
「私のことを嫌いな人が幸せでありますように」
「生きとし生けるすべてのものが幸せでありますように」

と唱えながら瞑想するものです。

自分の幸せを願い、自分の大切な人の幸せを願う。自分が苦手だな、と思う人の幸せも、自分のことを嫌っている人の幸せも願うのです。

そうすると、どんなことが起きるでしょうか。

試しにやってみてくださいね。

メソッド 86

心のコンパスを手に入れる

人とつながれば安心する

ひとりでがんばり続けるのはつらいものです。
挨拶する程度でよいので、人とつながりをもちましょう。"ひとり"よりも心強いと思いますよ。

ひとりでいるとあれこれ悪い方へ考えてしまい、「自分だけがこんなことを考えているのではないか」と孤独になることがあります。そんなとき、ただ、自分の話を聞いてくれる人がいたらほっと肩の力が抜けるかもしれません。

ご近所さんや習いごとの知り合い、居酒屋の常連さんなど、日常生活の中でよく顔を合わせる人と何気ない会話をするだけで心が和みますよね。

私たちは、人とつながることで安心感を得ています。

確かにいろんな人がいますし、ときには、苦手な人と関わることもあるでしょう。わずらわしさを感じることもありますが、それもまた、人づき合いを学ぶ機会になるでしょう。

もしもあなたが、たったひとりで「耐えなければ」「がんばらなきゃ」と思っているなら、少し周りを見渡してみましょう。日々、顔を合わせる人がいるだけで安心できるものです。

「自分はひとりじゃない」、そう思えるだけで、気持ちがほっとラクになることもあるでしょう。

ちょっと挨拶するだけでもいい。目が合ったときに会釈するだけでもOK。人とのつながりを大切にしたいですね。

心のコンパスを手に入れる

メソッド
87

そこから何を学んだかが大切

人と関わっているとつらい別れを経験することがあります。あまりのつらさに「こんなことなら最初から出会わなければよかった」と感じることもあるでしょう。

悲しいときは、思う存分悲しんだらいい。たくさん泣いたらいい。そして、泣き疲れたあと、ふと、振り返ってみてください。

あなたは、その人との関係のなかで何を学んだのでしょうか。あのときもっと素直になればよかった。嘘をつかなければよかった。冷静になればよかった。相手を信じればよかった。

あるいは、自分を大切にすることを学んだ。嫌なことは嫌と言っていいとわかった。周りをよく見て行動することを学んだ。人に相談するとラクになることを学んだ。

どんな出会いにも意味はあるはず。意味を見いだせるかどうかはあなた次第。

その人との関係から自分は何を学び取り、自分の人生にどう生かしていくかを考えてみてくださいね。

心のコンパスを手に入れる

メソッド 88

苦手な人と関わる方法を身につける

人間関係の悩みはつきないものです。自分と合わない価値観の人とは、できることならば関わりたくないけれど、避けてばかりもいられない。嫌いな人や苦手な人と、いったいどうやって関わればいいのでしょう。

コツは「この人はこういう人なんだね」「ふ〜ん」ととらえることです。

「何で、この人はこうなんだ」「何で、そんなことするの」と、自分の価値観で相手を見ると、納得がいかず批判したくなり、モヤモヤしてきます。

つまり、**相手のことを自分の価値観に合わせてかえようとしたり、間違いを正そうとしたりすると、イライラ、モヤモヤした気持ちが出てくるのです。**

相手には相手の価値観があり、自分には理解しがたいことも、相手にしてみたら「それが普通」ということもあるものです。相手のことを「自分はそんなことしないけど、この人はこうなんだ。ふ〜ん」「いろんな人がいるもんね」と受け止めると、自分自身の心が穏やかなままでいられますよ。

心のコンパスを手に入れる

メソッド 89

ヘルプを出していいんだよ

「ちょっと助けて」というヘルプが出しにくかったら、「ちょっと聞いてくれる？」でもいいんです。つらいときは、心の重い荷物を少しだけ下ろさせてもらいしょう。

さびしいとき、不安なとき、ひとりで耐えて解決しなきゃと、考えていませんか。「人に迷惑をかけてはいけない」「どうせ誰もわかってくれない」「自分で何とかしなきゃ」「何をやってもどうせ無理」。そんなふうに考えると、余計に孤独を感じたり、追いつめられたりしてしまいます。

もうひとりで抱えなくていいんですよ。つらいときは、「つらい」「助けて」と言っていいんです。

ヘルプを求めることは、自分を大切にすること。決して弱いことではありません。「ちょっと話、聞いてくれる?」「今、つらいことがあって」と勇気を出して話してみましょう。

ヘルプを求めると、相手の負担になるのではないか、と心配する人がいますが、そんなことはありません。相手も「信頼してもらえた」と感じますし、「自分もヘルプを出してみようかな」と思うかもしれません。みんなが「ヘルプを出していい」と思えると、自分のヘルプも出しやすくなり、相手のヘルプも受け止めやすくなりますね。

また、相手に不満や嫌な気持ちがあるときは、黙って耐え、不満をぶつけるよりも、「◯◯してもらえると嬉しいな」と相手にリクエストしてみるといいでしょう。

心のコンパスを手に入れる

メソッド 90

本当は、どうしたい？

心の迷いに気づいたら……

体が重い、気が乗らない……。心にブレーキがかかっていると、いくらアクセルをふかしても、なかなか前に進まないものです。

そんなときは、自分自身に問いかけてみましょう。

「本当はどうしたい？」「何がしたい？」と。

なかには、自分が何をしたいのかよくわからない人もいることでしょう。そんなときはこんなふうに聞いてみてはいかがでしょうか。

「したくないこと、ずっとガマンし続けてない？」「嫌なことは、嫌と思っていいんだよ」と。

あなたは、自分のやりたいことをしていいんです。ガマンせず自分を優先していいのです。もしも、「どうせ無理」「やったってムダ」「できっこない」と否定する言葉が浮かんできたら、**「いいんだよ」「大丈夫」「そう思っていいんだよ」と、安心安全な言葉を自分自身にかけるのです。これが本当の心の声をキャッチするためのちょっとしたコツです。自分自身をねぎらい、受け入れ、安心したところで、もう一度、よーく、心の声に耳をすませながら、問いかけてみてください。**

「本当は、どうしたい？」

さて、あなたの心の声は、何と答えるでしょうか。

8章

“心の宝物”を宝箱に集めよう

あなたが思う“人生の価値”＝心のコンパスです。
コンパスの針が定まったら、前に歩き出しましょう。
目指すは、その先にある北極星です。
不安になっても大丈夫。自分を大丈夫にする宝物（アイテム）は、
宝箱にたくさん入っていますよ。

そろそろゴールが近いよ
心の森ツアー
この先にはお宝があるよ
お宝！
お宝とは自分を大丈夫にする心のアイテム
それは何なのか確かめに行きましょう！
心の…
それはつまり…概念？

心のコンパスを手に入れる

メソッド 91

自分で自分を大丈夫にする

もう
大丈夫！
立て直す
方法は手に
入れてるにゃ
心の地図

落ち込まないようにするのではなく、落ち込んだときに“復活できる自分をつくる”。その感覚を身につけることが大切ですね。

カウンセリングでよく「落ち込まないようにするにはどうすればいいですか」「不安にならないためにはどうすればいいですか」と聞かれることがあります。

私たちは人間ですから、落ち込まずに、不安を抱かずに生活することはできません。イライラすることもあるし、モヤモヤざわつくこともあります。でも、それでいいんです。

本書のなかで、あなたは、落ち込んでも、気持ちを立て直す方法を手に入れました。気持ちが乱れることがあっても、また穏やかな気持ちに戻る方法を知っています。

不安や落ち込み、怒りなど気持ちがざわついたら、客観的視点にたって「本当にそうだろうか」と検証してみる。または、「今、この瞬間に集中する」「五感に集中する」「スキーマモードに気づく」「安心安全モードの自分をつくる」などに取り組んできましたね。

自分で気持ちを立て直すことができると、不安になることが怖くなくなります。「不安になったときは、こうすればいい」と知っているので、落ち着いて対応できます。

〝不安にならない自分〟になるのではなく、〝不安になっても大丈夫な自分〟をつくる。〝落ち込まない自分〟になるのではなく、〝落ち込んでもまた復活できる自分〟〝大丈夫な自分〟をつくるのです。

頭で理解するのではなく、実践して体感することで、「大丈夫」な感覚を身につけることができますよ。

心のコンパスを手に入れる

メソッド
92

失敗してもいい

「失敗したら恥ずかしい」「失敗したら迷惑がかかる」「優秀な自分が失敗なんてありえない」など、〝失敗恐怖〟にもいろいろあります。いずれにしても、「失敗したくない」と考えると、余計に不安になったり緊張したりするものです。

でもね、失敗って行動したからできるもの。何も行動しなかったら、傷つくことはないかもしれないけれど成長することはできない。

今まで一度も失敗したことがないという人は、果たしているでしょうか。私も大きな失敗をして、迷惑をかけて人を傷つけてしまったことがあります。過去の失敗は消えることがないし、今でも思い出したらチクリ、ズキンと痛みます。それでも、失敗から学び、改め、古傷を抱えながら進むんです。**失敗することはダメなことじゃない。恥ずかしくもないし、劣っているわけでもないんです。失敗してもいい。あなたが行動した証《あかし》だから。成長できる糧だから。**〝失敗恐怖〟を感じやすい人は、「失敗してもいい」「失敗してもいいから行動してみよう」と声に出してみてくださいね。

メソッド 93

心のコンパスを手に入れる

しなやかな心を身につけよう

自分のことを弱い人間、ダメな人間ととらえて、「傷つかない強さがほしい」「立ち向かえる強さがほしい」と思う人は少なくありません。

けれども、いったい強い心、傷つかない心とは、どんな心のことでしょう。傷つかないようにと自分をかたくなに守り、自己防衛でガチガチの状態は、本当の強さとは意味合いが少し違うようにも感じますね。

困難にぶつかっても、しなやかに回復し乗り越える力を〝レジリエンス〟といいますが、私は「しなやかな心」「自分で自分を大丈夫にする力」と表現しています。この力があれば、ストレスがかかっても、自分の成長につなげることができます。

「しなやかな心」をもつには、考え方、とらえ方を意識して行動し、自分をほめることが大切です。完璧を求めず、誰かと比較せず、ありのままの自分を受け入れることも大切です。これまで心の地図を旅してきたあなたなら、「しなやかな心」を身につけているはず。これからも肩の力を抜いて、日々、取り組んでみてくださいね！

心のコンパスを手に入れる

メソッド 94

試しに実験してみよう

やってみたいことがあるのに“不安だから”と躊躇《ちゅうちょ》していませんか？　あきらめる前にまず実験だと思ってチャレンジしてみませんか。

何かをするとき「大変なことが起きるかもしれない」「体調が悪くなるかもしれない」と考えて、「やっぱりやめておこう」と行動しない選択をしていませんか。

不安なことを想像して、行動しない選択をすることを「体験の回避」といいます。「体験の回避」をすることのメリットは、つらく苦しい思いをしないで済む、怖い思いをしなくて済む、現状のまま安全でいられる、ということがあげられます。

しかし、その選択には、デメリットがあることも忘れてはなりません。

もしもあなたが、世界旅行に行きたいと思ったら、飛行機に乗る必要があります。飛行機のチケットを買うときに、ふと、「待てよ、もしも飛行機が墜落したら？」「体調が悪くなったら？」と、頭の中で「もしも」がはじまるとどうでしょう。悪い想像が浮かんでくると「やっぱりやめておこう」と回避してしまうのです。確かに墜落して大怪我することはなくなり、安全は確保されるかもしれません。しかし、〝世界旅行に行く〟という楽しみを手放してしまうことになります。

そんなときは、「実験」してみてください。**飛行機に乗って、本当に大変なことが起きるかどうか、実験してみるのです。「やってみなければわからない」ととらえて、試しに行動してみてください**。案外、何ごともなく、うまくいくものですよ。

心のコンパスを手に入れる

メソッド 95

心の北極星を見上げよう

人生においてあなたが大切にしているものは何ですか？　それを北極星に置きかえましょう。あなたが道に迷ったとき、道しるべになるのは、その北極星です。

人生に迷ったとき、どうしたらいいかわからないとき、心の北極星を見上げてみましょう。北極星はどんなときもそこにあり、ただ黙って輝いています。

あなたは、どんな人生を送りたいと思っていますか。世間体や周りの目を気にする必要はありません。親に吹き込まれた価値観に左右されなくてもいいのです。純粋に〝どんな人生を送りたいか〟自分自身に問いかけてみましょう。例えば、笑顔ですごす人生、健康で穏やかな人生、自然とともに生きる人生。人生において大切なことは何か言葉にしてみましょう。それが、あなたにとっての「人生の価値」です。

そして、その「人生の価値」を北極星にたとえましょう。

私たちは人生の旅をするとき、北極星を目指して北へ北へと進みますが、「北」という場所があるわけではありません。北の先にはさらに北があり、どこまでいっても北極星へたどり着くことはありません。けれども、北へと向かうその道中は、あなたの「人生の価値」に沿った道のりなので、きっと豊かで素晴らしいものになるでしょう。

人生に疲れて、どちらへ向かって進めばいいかわからず迷ってしまったら、心の中の北極星の輝きを頼りに行動を選択します。途中、立ち止まって休憩してもかまいません。がむしゃらに突き進む必要はありません。一歩ずつ、北極星の方向へ人生の歩みを進めてくださいね。

心のコンパスを手に入れる

メソッド
96

人生の舵は自分がとる

人生の舵《かじ》は、人まかせにしてはいけません。どんな荒波がこようと、その舵を手放さずに航海を続けましょう。

不安なことや失敗しそうなことは、誰だってやりたくない。行動しなければ、傷つくこともない。そう考えると、その場から動けなくなってしまいます。

そんなあなたに問いかけたい。あなたが大切にしたい「人生の価値」とはどんなものでしょうか。少しずつでいいのです。その「人生の価値」に沿った行動をとってみてください。

例えば、「好きな場所へ自由に出かける人生」が人生の価値なら、怖いかもしれませんが行きたい場所へ出かけてみてください。「人と関わる」ことがあなたの人生の価値なら、緊張するかもしれませんが人と会ってみましょう。「作品をつくる」ことがあなたにとって大切なことなら、他人からの評価を気にせず作品をつくってください。

人生の舵《かじ》をとるのは、あなた自身です。誰に何を言われても、認められなくても、あなたはその舵を手放してはいけません。

つらいときは、帆をたたんでゆっくり進めばいい。岩礁《がんしょう》にぶつかったときは、修復するために時間をかけてもいい。

親の言いなりになる必要はありません。これは、あなたの航海です。どこへ行くのもあなたの自由。心の北極星を目指して航海を続けてください。

メソッド 97

ありのままの自分を受け入れる

人生、生きていると、うまくいくことばかりじゃありません。

自分の至らなさを後悔したり、思いがけないことが起こったり、大失敗をして人を傷つけてしまったり――。

「もうダメだ」と思う場面もありますが、何だかんだとこうしてやってこれている。

ですから、自分のことを嫌いになって、責め立てる必要はありません。無理矢理、ほかの〝誰か〟のようになりたい、なんて自分をつくりかえなくてもいいんです。

人間は完璧ではありませんからね。うまくいくこともあれば、失敗することもある。

そもそも何もかもすべてがパーフェクトな人間なんているのでしょうか。そんなの、ちっとも自分らしくない。今の自分は完璧ではないけれど十分素敵だし、ほかの誰かと比較できない魅力にあふれています。

良いところもそうでないところもあって、それが自分。それでいいのです。

自分のことをありのまま受け入れていくと、自分の不器用さが愛おしくなってきますし、大変な思いをしながらも生きている自分はすごいな、と自分に対して敬意が生まれます。

うまくいかないことがあっても大丈夫。「これが自分。これでいい。これがいい」と唱えると、自己肯定感を高めることにつながりますよ。

完璧じゃなくてもあなたは素敵です。むしろその不器用さこそ、あなたの愛すべきところかもしれませんね。

心のコンパスを手に入れる

メソッド98

イキイキと生きるためにチャレンジをしよう

私たちは、頭に次々とわき上がる思考や感情にとらわれがちです。そんななかでも自分が大切にしている「人生の価値」にしっかり目を向けたいものです。

「今、この瞬間」に起こる思考や感情に気づき、ありのままの自分を受け入れつつ、自分の人生の価値に沿って行動する能力のことを「心理的柔軟性」といいます。

私たちは、心の中を探索しながら、様々な取り組みをしてきました。幽体離脱して自分の考えや感情をあるがままに観察すること。そして、その考えや感情を消そうとせず、かえようともせず、ただそのままにしておいて「今、この瞬間」に注目すること。

思考は、単なる思考であって、現実ではないことに気づくこと。さらに、自分がどのように生きていきたいか、自分の望む人生とはどんなものなのかを自分に問いかけて、心の「北極星」に向かって人生の舵をとること。そして、自分の人生をよりイキイキとすごすための行動を選択するのです。

いつもの自分とは異なる行動パターンを選択すると、現実場面の結果がかわってき

ます。意外とうまくいった、心配するほどのことではなかった、というようにとらえ方もかわってきます。**少しずつでもいい、スモールステップでチャレンジしていきましょう**。

ひとりでがんばる必要はありませんよ。私たちが一緒です。チャレンジできた自分をほめることも忘れないでくださいね。

ありのままの自分を受け入れること、人生の価値を見失わないこと、このふたつを胸に、自分のペースでゆっくり歩みを進めましょう。

心のコンパスを手に入れる

メソッド 99

世界で一番の味方は自分自身

とても悲しいとき、つらいとき、自分だけが世界でひとりぼっちだと感じたり、自分は世界一不幸だと思ったりすることはありますよね。

本当は、優しい言葉をかけてほしいのに、周りから励まされて余計につらくなったり、アドバイスされてイラついたり。でもね、そんなときにどんな言葉をかけてほしいか、実はあなた自身が一番よく知っているのです。

どれだけつらかったか、どんなにがんばってきたかは、ほかの誰でもない、あなた自身が一番よく知っています。どんなにさびしかったか、どんなに悔しかったか、あなたの気持ちを一番わかってあげられるのは、あなた自身。

「本当は無理してたんだよね。今までよくがんばってきたね」「本当はつらかったけど、気づかれないように平静をよそおって耐えてきたんだよね。つらかったよね、さびしかったよね」。こんなふうに、**自分が一番ほしかった言葉をかけてあげましょう**。

あなた自身が一番の味方。言ってほしい言葉を自分に届けてあげてくださいね。

心のコンパスを手に入れる

メソッド 100

宝箱にはアイテムがいっぱい

いよいよこれが、最後のワークです。それは、「自分を信じる」ということです。自分で自分のことを「大丈夫」「何とかなる」と信じられるようになると、人はどんどんたくましくなります。ただし、呪文のように「大丈夫」「大丈夫」と唱えていたのでは、確固たる自信にはつながりませんよ。「大丈夫」のあとに「なぜなら」とつけ加えてみてください。あなたはそのあとに、どんな言葉が浮かびますか。

「なぜなら、今までも乗り越えてきたから」「なぜなら、たくさん心のワークに取り組んできたから」。このように、**あなたの中にも「自分を大丈夫にする力」が備わっていたことに気づかされるのです。**

あなたは、心の地図の旅でいろんな宝物（アイテム）を見つけましたね。**宝箱の中で最強のアイテムは、まさにあなた自身のもつ「可能性」。そしてあなた自身が気づかずに眠ったままになっていた「潜在力」です。**

心配しないで。あなたにも、自分を大丈夫にする力がちゃぁんと備わっていますよ。

おわりに

ここまでたどり着けたあなたは素晴らしい！　よくご自身と向き合い、取り組んでこられましたね。心の旅を続ける間に、どんな発見があったでしょうか。あなたが〝心の地図〟と初めて出会った頃より、景色が広がり、以前には気づかなかったものがよく見えるようになっていたら嬉しいです。

あなたの〝心の宝箱〟は見つかりましたか。すぐには見つからなくても大丈夫。何度もくり返し旅を続けていくうちに、少しずつ自分の中に〝自分を支える柱〟ができ、宝箱も見つかるようになりますよ。自分に自信がないと、せっかく宝箱を見つけても「これが本当に宝物なのか、偽物じゃないか、誰か正解を教えてほしい」と迷ってしまうものです。けれども、何があなたにとっての宝物なのかは、誰かに聞いて答えを教えてもらうものではありません。自分自身で「これが自分の宝物だ！」と感じ取る必要があるのです。

〝心の地図〟をたどる旅を終えたあとも、やっぱりイライラする、不安になることはあるでしょう。感情をゼロにすることはできませんからね。けれども、〝心の宝箱〟を見つけたあなたなら、心がざわついたときにどうすればいいか、もうおわかりですよね。

そして、あなたにもっとも大切なことをお伝えせねばなりません。それは、「継続」することです。一度旅を終えたからといって、「ハイ終わり」ということではありません。何度もくり返し、〝心の地図〟を広げてほしいのです。旅を終えたことに満足して、そのまま放っておくと、もとの自分に戻ってしまいます。これを心理学では「ホメオスタシス」といいます。人は、良くも悪くも「現状維持」に安心してしまうのです。ですから、新しい考え方、行動が定着するまでは、定期的に意識して変化を継続させる必要があります。継続して取り組むには、ひとりより仲間がいる方がよいでしょう。ぜひ、ご家族や親しい人と一緒に、お互いの〝心の地図〟について話し合ってみてください。これからのあなたの人生が、あたたかく輝くものでありますように、心から願っています。

最後に、本書が生まれるまであたたかく伴走してくださった奥村典子様、ほっこり優しいイラストを描いてくださったsimico様、本文デザインの工藤亜矢子様、校正の遠藤三葉様、そして、ナツメ出版企画の田丸智子様に心から感謝いたします。

公認心理師・臨床心理士　高井祐子

〈参考文献〉
R.S. Lazarus and S. Folkman, *Stress,Appraisal,and Coping*, 1984, Springer.
R・S・ラザルス講演、林峻一郎編・訳『ストレスとコーピング　ラザルス理論への招待』（星和書店）
アルフレッド・アドラー著、岸見一郎訳『アドラー・セレクション　人生の意味の心理学』（アルテ）
安藤俊介著『アンガーマネジメント入門』（朝日新聞出版）
バンテ・ヘーネポラ・グナラタナ著、出村佳子訳『慈悲の瞑想　慈しみの心』（春秋社）

著者 高井祐子（たかい・ゆうこ）

神戸心理療法センター代表。公認心理師。臨床心理士。主に認知行動療法、マインドフルネスを用いて個人心理療法を行う。20年以上のカウンセリング実績を持ち、のべ1万4千人の診療に携わる。2020年よりオンラインカウンセリングをはじめ、国内のみならず海外からの相談にも対応、グローバルに活動している。「穏やかフルネスナビゲーター」としてメールマガジンの配信やオンラインプログラムの提供などにも精力的に取り組んでいる。
著書に『認知行動療法で「なりたい自分」になる　スッキリマインドのためのセルフケアワーク』（創元社）、『「自分の感情」の整えかた・切り替えかた　モヤモヤがスッキリ！に変わる85のセルフケア』（大和出版）〈メンタル本大賞2023最優秀賞、特別賞をダブル受賞〉がある。

▶神戸心理療法センター webサイト　https://www.mentalhealth-kobe.com

STAFF　本文イラスト…simico　編集協力…オフィス201（奥村典子）
本文デザイン…工藤亜矢子　編集担当…ナツメ出版企画（田丸智子）
校正…遠藤三葉

ラクに生《い》きるための「心《こころ》の地図《ちず》」
——セルフケアのメソッド100——

2025年1月3日初版発行

著　者　高井祐子《たかいゆうこ》
発行者　田村正隆
発行所　株式会社ナツメ社
東京都千代田区神田神保町1-52　ナツメ社ビル1F（〒101-0051）
電話 03-3291-1257（代表）　FAX 03-3291-5761
振替 00130-1-58661
制　作　ナツメ出版企画株式会社
東京都千代田区神田神保町1-52　ナツメ社ビル3F（〒101-0051）
電話 03-3295-3921（代表）
印刷所　ラン印刷社

ISBN978-4-8163-7648-1
Printed in Japan
＊定価はカバーに表示してあります　＊落丁・乱丁本はお取り替えします